어디서 무엇이 되어
다시 만나랴

KIM Whanki

WHANKI
MUSEUM

김환기와 김향안, 파리, 1957

김환기 『어디서 무엇이 되어 다시 만나랴』 출간에 부쳐

"『어디서 무엇이 되어 다시 만나랴』는 수화의 일기에 기록되었듯이 1970년 뉴욕의 아뜰리에에서 이산怡山[김광섭]의 시詩 〈저녁에〉를 마음속에 읊으면서 그린 그림의 제목이다." 김향안은 1995년 김환기의 같은 제목 에세이집을 출간하며 이렇게 부침 글을 남겼습니다. 시간이 흘러 그 책은 절판되었습니다.

2005년 환기미술관에서는 다시 같은 제목 아래 여러 지면을 통해 발표되었던 글들과 일기를 모으고 다채로운 드로잉들을 곁들여 김환기 에세이집 『어디서 무엇이 되어 다시 만나랴』를 엮었습니다. 여러 번의 재쇄를 거듭해가는 동안 김환기가 남긴 글을 통해 그의 예술과 철학을 이해하고 세상을 살아가는 면모에 공감했던 많은 이들의 감동을 끌어내고 큰 사랑을 받았습니다.

2024년 가을을 맞아 환기미술관은 김환기 에세이집 『어디서 무엇이 되어 다시 만나랴』의 개정판을 출간합니다. 김환기가 생전에 신문 잡지 등에 발표했던 글들을 모아 새롭게 더하는 대신에 초판의 일기 부분은 떼어내고, 창작에 매진해 점화 추상의 세계에 이른 뉴욕에서의 마지막 10년의 일기를 따로 모아 『Whanki in New York: 김환기의 뉴욕일기』를 출간했습니다.

우리 근현대미술사의 큰 별 김환기가 우리 곁을 떠난 지 50년, 다시 한번 그가 남긴 글들을 통해 한 시대의 위대한 창작의 여정에 깃든 성찰을 따라가 봅니다. 생활의 기쁨과 한탄과 그리움이 스며있는 인간적 정서, 사회적 시각이 담긴 지성의 사고에 귀 기울여 봅니다. "나는 누구인가, 어디에서 왔는가 그리고 어디를 향해 가고 있는가?" 김환기는 화업의 꿈을 이루어가는 내내, 자신의 정체성 그리고 예술에 대한 성찰과 추구의 화두로써 벌거벗은 자연의 상태로 예술과 대면하고 오직 본질에 이르려는 열망으로 끊임없이 자신에게 묻곤 했습니다. 그를 채워준 철학의 바탕은 조국의 산천과 그리움이 각인된 기억이었고 '무위자연無爲自然'의 철학을 담은 자연 중심적인 세계관이었습니다. 어린 시절 고향을 떠나 도쿄에서의 예술입문과 성장, 불혹의 나이에 세계예술의 중심지 파리에서 창작활동을 이어가며 각성한 예술의 독창성, 시정신詩精神은 김환기의 작품세계를 이어간 근원적 힘이었습니다. 그리고 창작의 원숙기에 이르러 다시 한번 초심과 진심으로 오로지 예술을 향한 순수한 집념의 실천은 보다

보편적이고 만인에게 다가갈 수 있는 조형요소를 탐구하여 완전추상의 아름다움에 이르는 숭고한 기도였습니다.

예술과 인생의 절대적인 동반자 김향안은 김환기의 작품과 글 어디에나 녹아 있습니다. 두 사람의 전 생애에 걸쳐 함께 한 경험과 사고의 편린들 속으로의 여행은 천재적인 두 예술가와 함께하는 진솔한 대화의 나눔이며 김환기 예술세계를 이해하고 나아가 지난 세기의 우리 사회, 문화, 예술계를 들여다볼 수 있는 흥미롭고 뜻깊은 만남이 될 것입니다.

2024년 늦가을,
환기미술관장 박미정

본문 읽기를 위해 알려드립니다.

홑낫표 「 」안에는 글 제목
겹낫표 『 』안에는 책 제목
홑화살괄호 〈 〉안에는 작품 제목
겹화살괄호 《 》안에는 전시 제목
대괄호 [ ]안에는 편집자 각주
소괄호 ( )안에는 지은이 각주

차례

1930-40년대

1950년대

1960년대

김환기, 파리, 1956

1930-40년대

선線

1

비가 흡족히 젖어 흐르면 목욕탕에 들어간다.

해부학은 수술실 위에서 사용되지만, 인체를 구성하는 데는 거짓말이 된다.

반드시 그는 그렇게 모가지가 길어야만 하고, 동체胴體가 짧아야만 할 것 같았다.

그가 미지근한 물 속에서 콩나물같이 솟아올라 삼색 타올을 사용하고, 목욕탕 옥상을 산책할 땐, 흐르던 비가 걷히고 지상에 한 오라기의 그늘도 지지 않았다.

춘사春蛇가 밤栗꽃을 꽂고 실안개처럼 등나무 어귀에 이르렀을 때, 옥사의 여인은 오수午睡에 흔들리는 손수건의 윙크를 받아, 아직도 탕기湯氣가 뭉게뭉게 떠오르는 몸뚱어리를 풀어 헤치고, 하늘에 뻗어 오를 듯 기지개를 내뽑는다.

그만 나는 질레트Gillette의 잎사귀로 왼편 흉부에서부터 배꼽을 중심 삼아 오른편 허벅다리 선을 내리그었다.

진짜로 이러한 선을 그린 것이 아니라, 대학병원 정형외과 제2호 병실의 두 번째 침대에 누워 나는 이러한 선을 생각해 보았다.

2

비 내리는 아침이면, 출근 시간 전에 기어코 나는 전차를 탄다. 출근 시간 전이어야 전차 바닥이 청결하고, 또 승객수가 내가 꾀하려는 작품을 제작하기에 알맞기 때문이다.

짚고 앉은 우산에선, 빗물이 흐르던 정거장까지의 거리 여하에 따라서 가늘게, 굵게, 짧게, 길게, 강하게, 약하게 리듬 있는 속력을 가지고 물이 흐른다.

선이 가고 오고, 멈추고 흐르고, 곧게 혹은 휘어지게, 서로 뭉치었다 헤어졌다- 인간의 무연憮然한 이 합작에서 나는 놀라운 구성미構成美를 알았고, 회화정신繪畵精神으로 돌아가 보기도 한다. 버라이어티한 음악까지 감득感得한다.

3

나는 한 잔 대포에 비짓국 향락한 뒤면, 웃옷을 벗는 한이 있더라도 반드시 하이볼을 마신다. 그래야만 하이볼의 맛을 확실히 알 수가 있고, 그 진경眞境에 들어갈 수가 있으니까.

여기서 하나 슬픈 일은 나에게만 얼음덩이 하나를 더 넣어주는 영리한 바텐더를 만났다. 실로 말을 뱉기가 귀찮으나, 결국 나는 간곡히 청하여 얼음조각 하나를 더 얻어 글라스에 담는다. 그런 뒤에 내 열 손가락은 습관적으로 야성野性을 실현하니, 현미경까지는 필요하지 않은 구체球體의 집단 속에서 넘노는 얼음이 글라스의 안 벽에 부딪힐 때 일어나는 음향은 히틀러 앞에서라도 빼기지 않고는 못 견디게, 나는 그것을 사랑한다.

이렇게 사랑하는 법이 불원하여 결국 환멸幻滅하게 되면, 나의 오장 속엔 선이 그려지는데, 뱀이 제 구멍에 들어가듯 가장 익숙하게, 바늘보다 가늘게, 내 몸뚱어리보다 더 굵게 굽이굽이 그려진다.

만일, 얼마 뒤에 마담의 의사意思를 물리치고 글라스를 깨뜨렸다면, 술주정이거나 변태가 아니고 무어냐고? 고급 크림을 너무 많이 발랐기에 체온계가 미끄러져 땅바닥에 깨어졌거든 체온계 값을 내라?

나는 이 병실에 무리하게 집어 넣어졌기에, 내 소중한 손목

시계를 침대 모서리에 부딪히어 영영 못 쓰게 만들어 버렸다. 이런 무법한 곳에는 있을 수 없다고, 과연 나는 과장 선생에게 퇴원을 시켜 달라 해야 할 게 아닌가?

퇴원을 허락하지 않는 과장 선생은 아까 그 마담보다 좀 나은 편이지만, 우연한 사실을 의식적으로 감행하는 나를 유리 들창에 철책이 없는 아주 전망이 좋은 2층 남향 병실에 집어넣어야 할 것이다. 글라스의 파편을 주워 모으던 기사技師는 그 수술대의 의사 같지 못했으니, 그 조각조각의 선의 구성을 계획할 능력이 없어 그만 무교武橋다리 으슥한 곳에 파편을 버렸다.

1939. 6

추상주의소론抽象主義小論

현대미술의 한계에서만 전위회화前衛繪畵가 존재한 게 아니라 일찍이 그 시대 시대에 있어 이미 전위적회화前衛的繪畵가 있었고 그렇기 때문에 회화예술은 발전하여 오늘에 이르렀고 또 내일로 진전한다.

인간의 순정한 창조란 그 시대의 전위가 될 것이고 진보란 전위적인 것을 의미한다. 그러므로 미술사는 항상 새로운 백지 위에 새로운 기록을 작성해 간다.

회화의 전기능全機能이 자연의 재현에서 이반離反하게 된 오늘今日의 사실은 전위적 회화의 영역에서만 요컨대 시대의 성격 시대의 의식이 달라졌다는 데 있을 것이니 그렇다는 것은 오로지 묘사가 아님은 이미 상식화해 버린 사실이라 하겠다.

그러나 전위회화의 주위에는 아직도 자연의 모방에서 촌보寸步를 벗어나지 못한 소위 회화가 존속하여 길거리街頭에 범람하고 있는 현상은 가장 민중에 근접한 감이 있을지 모르나 실상은 그와 정반대로 우리의 생활 내지 문화 일반에 있어선 아무런 관련도 있을 수 없다.

조형예술인 이상 회화는 어디까지 아름다워야 하고 그 아름다운 법法이 진정한 의미에서 새로워야 한다.

오늘날에 있어 우리는 기차에서보다 비행기에 대해서 매력을 더 크게 가지지 않을까?

지금 현대회화의 영역에 있어 전위회화의 전모 또는 그 진전을 명료하게 간단히 해명하기는 여기선 곤란하나 현대의 전위회화의 그 주류는 추상예술(Abstract Art)라 하겠다. "내가 의미한 진정한 미의 형태란 대개 생각하는 생물의 형태 또는 회화가 아니라 직선 곡선 또는 정규定規등으로 만들어진 면 혹은 입체의 형태를 말함이다. 나는 또 같은 종류同種類의 미와 쾌감까지를 가진 색채를 의미한다." -大意- 브르통의 이 설說은 입체파 이후 오늘의 추상예술을 예기豫期 했던 것이다.

순수한 회화예술에의 진지한 추구는 입체파로 하여금 근대예술을 현대예술로 정확히 계승했다 할 것이다.

자연의 형태를 분석하고 종합하여 구성함으로써 상형적Figuratif 추구에서 회화의 독자성을 감행한 입체파를 현하現下 전위회화로서는 이 입체파를 통과하지 않은 현재의 회화 정신은 없을 것이다.

입체파의 상형적추구像型的追求는 추상회화로 더불어 한층 더 치열해졌고 집요해진 데 따라 자연의 제형태諸形態에서 기하학적 비기하학적의 추상적회화로서의 요소를 회화로 행동함으로써 조형적으로 구상화하였다.

근대에까지(현대도 존속하지만) 회화의 전 요소가 되었든 자연주의적 문학적 설명적 삽화적 등의 직관적 또는 감각상향악感覺相享樂을 이로부터 타블로Tableau 위上에서 추방하고 배격排擊하는 동시비상형同時非象形의 Non-figuratif 관념에 도달하여 추상에의 회화적 순수성을 추구하는 한 예술의 행동 즉, 창조라 하겠다.

현재의 추상예술이 어떤 양식과 형식을 가지고 내일로 전개할까 하는 것은 누구나 가히 예상할 수 없는 일이거니와 현대에 있어 적어도 추상회화의 출현이란 현대문화사에 한 에포크Époque가 아니 될 수 없다. 현하現下 조선 화단에 전위적 회화의 분위기가 있는지 없는지 나는 모르되 적어도 현대예술에 있어서 사상시대성思想時代性 의식 감각- 즉 말하자면 적어도 현대생활의 표현형식 또는 방법이 가장 추상회화에 다분한 특질이 없지 않을까?

1939. 6

남풍南風

하이얀 옷고름을 적시면 단번에 쪽물이 들리다.

탐스런 백양모白羊毛에 답숙 적지여 뽀얀 흡수지吸收紙에 한 번 갈겨 봄직도 합니다.

그러니 한 번 상상해보세요.

얼마나 맑고 깊은 바다인지.

그 바다 위에 나비같이 나는 돛 그늘에 나상裸像하나

남풍을 안 놓치려 고개를 하늘 끝에 들었소.

높은 하늘에 나직한 구름송이 남풍은 이대로 계속하리라.

1939. 9

파시波市

300여 호구戶口가 넘은 막들이 모두 똑같은 모습으로 바다에 면을 두고 모래 위에 일자로 뻗히었다.

바닷물이 밀려 들어오면 바다 끝까지 나갔던 고기잡이 풍선風船들은 뒷바람을 싣고 뉘(파도)를 타고 쏜살같이 들어온다.

엄청나게 들어오는 풍선들–청홍황靑紅黃의 대어대大魚臺를 돛 끝에 날리고 쇠북을 울리니 제법 흥이 남직도 하다.

이리하여 소주 독이 터지고 깔깔댄 각시(색시) 웃음이 경생하니 기맥힌 야성에 아름다운 윤택이 늘 뱀같이 기어든다.

파시의 영웅은 뱃사람이었다.

파시는 흥성하고 비린 냄새는 천지에 가득하다.

1939. 9

백일홍百日紅

꽃 중에도 백일홍 자미紫薇를 제일 싫어하나 그 매끈하게 자란 나무만은 극히 좋아한다.

꽃을 보고 싶어서가 아니라 요놈을 잘 가꾸어서 단장短杖을 하나 만들려니 하구 몇 해 전에 한 나무 심었더니 이렇게 꼬불꼬불 자라고 볼량이면 아무짝에도 못 쓰겠다.

내 어려서 시집간 누나 보려 산길 바닷길 홀로 다니었다.

산 모서리를 돌아서면 비록 오리어정五里於程이나 백일홍 붉은 꽃이 구름 같이 보이었다.

그 백일홍 밑에서 우리 누나 물 긷고 시집살이하였는데 나는 그 산 모서리에서부터 다듬이질을 치고 했다.

백일홍 꽃은 곱지 못하나 기억은 아름답고 매끈한 줄기의 맵시는 만져보고 싶은 매력을 나는 느낀다.

1939. 9

자화상

간혹, 외방에 머무르지만 여인숙박기旅人宿泊記에 무직이라 쓴 적은 없다. 농農이라고 써왔고, 요즘 와서는 화畵라고 쓰는 것이 버릇이 되었다.

요 다음은 또 무엇이라고 쓸지 나 스스로도 모를 일이나, 그림 이외에 또 다른 재미남직한 새로운 대상을 내가 발견하는 날까지는 죽으나 사나 그림을 할 것이고, 또 그럴 수밖에 없을 것으로 생각되나, 현재 나는 그림을 하면서도 늘 세상을 물색하는 내 마음의 오입을 어찌할 수 없다.

사실, 정직하게 고백하는 아름다운 감정이 나에게도 있으니 말이지, 내게 있어 그림보다 더 재미난 일이 발견되는 때는 당장에 그림 생활을 온통 그대로 놓아두고 발견된 새로운 대상으로 바꾸어 가지려 한다. 이러고 보니, 내 생활이 내일은 어떠한 곳으로 달음질칠지 가히 모를 일이 아닌가.

그래서 나는 무릇 일에 약속을 싫어하는 습성을 가졌거니와, 지금까지 약속해 온 바는 별로 없었지만, 약속을 실행해 본 기억 또한 없다. 실로 나라는 인간은 요지경이어서 흐리마리하기 짝이 없다.

어떻게 되었든 현재 나는 그림을 하고 있다. 그림이 그렇게 재미있다고는 생각지 않는다.

어떠한 연緣이 있었던 것이 아니라, 어떠한 이유가 있어서가 아니라, 부지중 극히 자연스럽게 그만 그림을 하게 되었다. 부지중이라든가 극히 자연스럽게라고 사용한 내 어휘를 곰곰이 궁리해 보면 그림을 제외하고는 나로서 할 만한 것이 마땅히 없고 재주 또한 다른 곳에 출중하지 못했다는 것이 필시는 당연한 듯싶다.

이러고 볼 지경이면 제법 내 재주가 그림에만은 비상한 듯도 싶으나, 기실 그렇지도 못하니, 실로 딱한 형편이 아닐 수 없다. 이 딱한 형편을 나는 아직 불행하다고 생각해 본 적이 없다. 오히려 나는 운이 좋게도 근사한 생각을 가져 보았을지도 모른다.

역설 아닌 역설.

삼단논법이 여기에 적용될 리 만무하나 우주의 법칙에 의해서 나는 당당히 내 생활 도구의 하나로써 그림을 사용하고 감당하는 권리를 가졌고, 내 생활 도구를 누구보다도 자연스럽게 가장 합리적으로 사용하는 비방秘方을 알고 있다.

생활도구는 필요에 따라 그 위치를 변경해 놓을 수도 있고 바꾸어 들일 수도 있다.

내 마음은 항상 오입을 한다.

사실, 정직하게 담화할 수 있는 아름다운 감정이 나에게 있으니 말이지, 나는 그림 장난을 하지 않고는 못 견딘다. 나는 장난에 지쳐 자리에 눕는 수가 있다. 자리에 누워서 내 시각을 죽이고 마음에 오입을 시킨다.

내 마음은 오입하러 나가되 해가 지기 전에 돌아온다.
항상 명랑한 휘파람을 불고 돌아온다.
밤 3시, 몽파르나스의 휘파람이 이렇던가?
여기에 화가가 있다.

나는 그림을 장난한다.
그림은 내 노리개다.
내가 성장하면 노리개도 바꾸어지겠지.
나는 내 노리개를 처치할 창고를 지으련다.

1939. 10

군담

하도 섬 생활이 지리하고 울적해서 서울이나 올라가면 소풍도 되겠다 싶고 또 그러나저러나 공교롭게 무슨 방도라도 얻어 붙든다면 그대로 서울에 주저앉아 살아 보리라는 쓰도 달도 않은 생각으로 서울에 올라왔다. 와서 며칠 동안은 양요리洋料理도 먹어 보고 술도 마셔 보고 화구상畵具商에도 들러 보고 상점에도 드나들고 영화도 구경하고 명곡도 들어 보고 한참 바삐 어디 어디 할 것 없이 우줄우줄 쏘다녔다. 그러다가 지금은 그만 타악 지쳐서 종일 여관방에 드러누워서 지내는데, 누워서 지내자니 여간 싱겁지 않은 데다 소화불량증이 자꾸만 일어나서 밥 사먹고 드러누워 소화제를 연복連服한다는 게 기막히게 싱거운 일이 아닐 수 없다.

키 크고 볼 양이면 싱겁지 않은 사람 없다는 전래傳來의 말이 흡사 나를 두고 이른 적절한 말일 법도 하나 싱거운 짓인지 번연히 알면서도 그럴 수밖에 없다는 것을 또 구구하게 얘기하기도 실로 귀찮다. 누워서 지내는 것도 귀찮으나 귀찮더라도 누워서 생각해 보기를- 좋은 조수를 하나 데리고 내 마음껏 짤막한 영화를 꼭 한 편만 만들어 보았으면- 자비출판自費出版으로 시집 2백 부를 내는데 장정裝幀에 돈을 무진장하게 들이부을 것-12호號 평균하여 한 1백 점쯤의 개인전을 장곡천정長谷川町 등지에서 열어 보면- 또는 정자옥丁子屋 지하실에다 비어홀을 해보고 본정서本町署 관할에는 40평쯤의 댄스홀을 만들어 본다면 돈벌이도 될 모양이니 재미있을 것 같고…….

드러누워 생각하는 종목을 요것뿐만이 아니나 그만 이런 것도 귀찮아졌다. 이럴 때는 꼬옴박 오수午睡나 베풀어 보았으면 좋으련만 억지로 자자니 오히려 오수를 방해하는 것 같고.

결국 머슴 아이를 불러 붓과 벼루를 가져 왔다. 배 깔고 누워 핫케이크만한 거울 속을 들여다보며 자화상自畵像을 그려 보는데, 한 장 한 장 하다가 한 묶음 사들인 하나가미를 전부 구겨 버렸다.

쓴다는 것은 서술敍述이 아니고 그린다는 것은 묘사描寫가 아니라고. 그도 저도 아닌 것은 낙서落書겠는데 여관에 드러누워 낙서한다는 것 또한 싱거울 수밖에 없다.

서울에 별로 아는 친구도 없지만, 누구누구 있댔자 아침 몇 시부터 저녁 몇 시, 심하면 밤중까지 일자리에 붙어 있는 작자들이라 찾는댔자 신통할 법 없고.

하루 흥아興亞 두 갑이면 넉넉하던 것이 서울에 오면서부터는 하루 다섯 갑이 모자라서 나중에는 여관비를 치르고 나갈 일이 은근히 걱정이 아닐 수 없다.

담배의 여독으로 혓바닥이 패여서 밥도 맛나게 먹지를 못하고 소화제를 연복하며 이대로 드러누웠으니 전기시계電氣時計 초침 돌듯이 연속 청구서만 복잡해졌다.

초인종을 눌러 하도 다섯 갑을 사오라 하고 베개를 뒤집어 높이 베고 기지개를 쭈욱 펴봤다.

1940. 4

백자 항아리

내 어찌어찌하다 술을 좀 하게쯤 되었고 무슨 연분에 담배를 피우기 시작했든지 지금은 약주가 한 되요 무궁화無窮花가 하루에 두 갑이다. 생각하면 내 처음 사랑을 느끼듯이 지극히 자연스러운 경로로 술과 담배를 배웠던 것 같다.

이 술과 담배가 지금은 나를 구성하는 어느 면에 있어 하나의 소재일뿐더러 따져놓고 보면 두 가지 가운데 하나라도 나한테서 빠지면 그만치 내 입김이 마를 것만 같다. 같은 게 아니라 사실이다.

그런데 또 한 가지가 늘었다.

이것 역시 어떠한 기연奇緣에서 시작되었든지 자세치는 않으나 조선조 항아리에 맛을 들이게 되었다.

맛을 들이게 되니 굉장한 외도여서 그만 소유욕이 발동하고 소유욕이 발동하니 자연 무리가 생겨서 한 개 두 개 항아리를 가져보게 되었고 그러니 결국은 항아리 수집가처럼 되어버렸다.

오동 상자에 들어갈 수 있는 조그만 자기라도 내가 가진 항아리란 특대상자에 심장深藏할 수 있는 그렇게 급이 높은 자기가 못될뿐더러 그 용적이 모두가 한 아름씩 되고 보니 발 서열 개가 넘고 보면 감당하기가 곤란하다.

그래도 산골에 살적엔 초목이 무성한 뜰을 가졌기 때문에 초봄부터 깊은 가을까지는 그 항아리들을 맘 놓고 이 구석 저 구석에 내놓고 보았다.

실내가 아니고 자연의 외광外光에서 보는 행씨가幸氏家 항아리의 미란 그렇게 건강하고 풍부할 수가 없다.

미美에 가득 찬 내 뜰을 나는 지극히 사랑해 왔던 것이었으나-

지난봄 산방을 팔고 문안으로 들어오게 되었다.

문안으로 들어오고 보니 첫째 그 항아리들 신세가 말이 아니다.

산골 식으로 마당에 진열해 놔 봤더니 원통 항아리 천지여서 흡사 사기전 아니면 골동상 창고 앞 같다. 볼품도 없으려니와 발부리에 걷어채여서 드나들 수가 없다. 항아리에 대하여 정말 미안한 일이나 김치 내 나는 지하실에 아니 모실 수 없고 지하실도 좁아 광 그리고 부엌 다락 마루방 또 거지 같은 베란다에까지 병대식兵隊式으로 나열해 놓고 보니 온통 집안이 항아리로 꽉꽉 들어찬 셈이다.

아무리 항아리 광狂이라도 사세事勢가 이렇게 되고 보면 도저히 정상은 아닌 것 같다.

필시 항아리는 여자에 따르는 세간 이리다. 신사가 일이 없어 부엌세간을 애완하고 여자의 세계인 지하실 부엌까지 밀고 들어가니 아내의 불만을 무시하다가도 스스로 반성해 보는 때가 한두 번이 아니었다.

그러나 좋은 것 할 수 없어서 안보기에 다행이지 한번 눈에만 들어오면 그저 지나칠 수가 없다.

물론 비싼 것은 아니다. 더구나 골훈가骨薰家들은 눈도 떠보지 않은 것들이라 골훈상骨薰商 구석에서 안 팔려 학대받던 항아리들이다. 나는 이 수많은 항아리를 사 들고 올 때마다 비싸게 생각되는 것은 하나도 없었다. 오히려 너무도 쌈으로 해서 항아리들이 불쌍하기도 했다.

도자기가 미에 관한 한 나는 조선조의 항아리에 자신이 있다. 불원하여 백자항아리의 세계가 오고 새로운 인식이 전개되리라.

요즘 친구들 가운데는 차츰 항아리를 좋아하는 경향이 늘어간다. 이 경향은 당연하려니와 좀 더 항아리 열熱이 심각해지는 기회가 오면 나는 내 집에 술상을 베풀어 친구들과 하루를 놀고 싶다. 물론 돌아갈 때는 항아리 한 개씩 안아 보내줄 작정이다.

좋은 친구들이 좋은 항아리를 가져가서 좋고 내 짐스러운 항아리의 짐을 덜어서 좋고 나는 아무거나 하나의 항아리를 만족하여 내 곁에 놓고 살고 싶다.

이런 세월이 오기를 나는 기다린 것이나 지금 나는 항아리에 파묻혀서 산다. 지하실에 들였던 것은 김장 통에 쫓겨나오고 베란다에 내놨던 것들은 얼기 시작하므로 다른 어디다 안치해야겠는데 장소가 없다.

모다 내 방으로 들일 수밖에 없다. 들여놓고 보니 실로 장관이다.

항아리에 가득 찬 방안에 끼여 앉아보니 흡사 나도 항아리만 같다. 항아리 속에 파묻히어 그리는 내 그림은 어렵기가 짝이 없다. 항아리처럼 아름다운 그림을 그려보고 싶은 것이나 항아리는 너무도 아름다워 나는 늘 지는 것만 같다. 이 아름다운 항아리들을 나는 빨리 방에서 추방해 낼 수밖에 없다. 그러고 나면 가뜬해질 것만 같고 항아리 이상의 그림이 그려질 것만 같다.

다소 돈도 필요하려니와 친구들을 기다릴 겨를이 없다. 이제 명동에 나가 골훈상인을 불러올 수밖에 없다.

1948.12

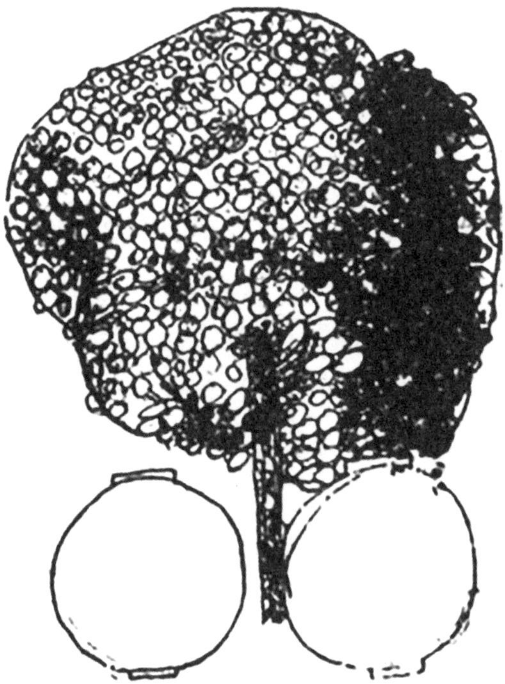

그림에 부치는 시詩

1. 가을

하나
둘
셋
넷
사과장수 아이 넷이 나란히 앉아 있다.
똑 토끼 새끼들 같아서 홍옥紅玉이 거짓말처럼 붉게 빛난다.
하늘도 없는 그림.
저 멀리 염소장수가 흰 놈 까만 놈 새끼염소를 끌고 간다.
똑 그 새끼염소장수는 그 사과장수 애들의 아버지만 같다.
우주를 흙빛으로 그린 그림이다.
전봇대도 자동차도 군중도 없고, 다만 눈을 감으면 새파란 하늘 소리가 들릴 뿐이다.

2. 이조 항아리

지평선 위에 항아리가 둥그렇게 앉아 있다. 굽이 좁다 못해 둥실 떠 있다.

둥근 하늘과 둥근 항아리와
푸른 하늘과 흰 항아리와
틀림없는 한 쌍이다.

똑
닭이 알을 낳듯이
사람의 손에서 쏙 빠진 항아리다.

「新天地」 1949. 2

3. 봄

어허! 겨울나기에 허리가 휜다.
이젠 봄이니 살 것 같다.
백토가 증병蒸餠처럼 부풀어 오르고 가지를 휘면 휘어질 것
같다. 물이 오르는 봄이 아닌가.
지게꽃장수 금붕어장수 병아리장수
냉이 달래 물쑥 씀바귀
계절에 예민하긴 식물보다 사람이 천재로다.
머리 깎고 목욕하고 활동복으로 갈아입고
보송보송 걸어서 종로에 나가자.
정오 인경이 운다.
하늘에 비행기가 떴다. 눈이 부시다.
나는 새飛鳥 나는 사람飛人
저만치 뜨면 38선線이 보일까?
대동강도 녹았으리…….

「白民」 22호, 1950. 5

무제 I

팔리지 않을 것을 미리 알기 때문에 그림에다 가격을 안 붙이기로 했다. 예측대로 그림은 한 폭도 팔리지 않았고 전람회는 무사히 끝났다. 전람회가 끝나면 오는 것은 으레 피로뿐이요, 고독과 허무뿐이었다. 왜 전람회를 하는지 모르겠다.

전람회가 끝날 때의 마음처럼 싫은 것은 없다. 그림을 반출하는 것은 송장을 치우는 것 같다. 이 송장 치우는 일을 산처山妻에게 밀어 버리고 나는 친구를 따라 빈대떡집으로 갔다. 이날은 아무리 먹어도 취하지는 않았으나 내 언성은 높아져서 막연한 원한이 한꺼번에 쏟아졌던 것 같다. 취했을지도 모른다.

돌아오는 길, 친구는 제 집으로 가고 나는 내 집으로 오고, 돈화문 앞에서 악수하고 헤어졌다. 그날 밤 달은 무척 밝았다.

다음날 나는 자리에서 못 일어났다. 나에 대한 엄살이기도 했으나 물론 전람회 몸살이었다.

신문에 우리들의 전람회 평이 났다. 평이라 봤자, 이야기가 나오자 곧 끝났다. 미술은 역시 어렵게 보는 게 아닌 성싶다. 물론 철학도 아니요, 시詩도 아니요, 더구나 무엇을 그렸느냐는 것도 아닐뿐더러 또한 교육도 아니다.

미술은 순전히 시각의 교양 이외에 아무것도 아니다. 그러기에 세잔느의 미술정신을 이해하지도 못하고 아무런 노력도 없이 담박에 현대미술을 이해하기는 좀 곤란하다.

자리에 누워서 나는 이런 생각을 해보았다.

조선호텔 37호실을 내 공방工房으로 차리고 거기서 나는 정규定規와 컴퍼스를 들어 국도 서울을 한번 꾸며 보고 싶다. 말하자면 도시계획인데 그것이 안 되면 지금의 한청韓靑빌딩을 내 생각대로 고쳐서 아래층은 극히 소규모이면서도 아주 다부진 순수미술관을 만들어 수시로 미술공예품전을 열도록 하고, 2층은 공예미술공장을 만들어 아름다운 생활미술을 생산하게 하고, 3층엔 미술연구소를 차려 우수한 젊은 미술가들이 모여드는 종합적인 미술생산 빌딩을 만들고 싶다. 이것도 맘대로 안 되면 좋은 조수를 만나 두 권 이나 세 권 정도의 영화를 내 식으로 만들고 싶은데, 이것마저 안 되면 보따리 싸 짊어지고 하와이로 개인전이나 하러 갈 수밖에 없다.

그리고 또 하나가 생각나는데, 우이동에 문화촌文化村을 만들고 지방은 물론이려니와 이 문화촌에서 생산된 미술품 전부를 정부가 책임지고 일수판매一手販賣할 것, 그래서 일반국민에게 소득세를 없애고 신규로 문화세를 국세國稅에 가입시킨다면 참말 희한한 일일 것 같다.

귀족 취미에서 나온 이러한 생각들이 어찌 생각하면 실현

가능성이 있는 권내圈內에 들어가기도 하고 또 어찌 생각하면 그도 저도 불가능한 것으로 생각되기도 했다.

1949. 3

1960년대

봄이 오고 있는데

파리에서 가지고 온 거라곤 마로니에 열매뿐이었다. 친구들이 와도 줄 것이 없어 이 마로니에 열매와 영국 잔디씨만을 조금씩 나누어 주었다. 내 이 우스꽝스러운 파리의 선물을 친구들은 기이한 표정으로 만족해했으며 밤톨 같은 이 열매를 손바닥에 굴려 보기도 하고, 뺨에 갖다 대보기도 하며 허허 웃고 가지고들 갔다.

이제 봄이 오고 있는데, 생각하니 그 친구들은 정원이 없는 친구들이다. 씨는 땅에 뿌리고 심어야 하겠는데 그럴 땅이 없는 친구들이다. 눈망울이 시원해지는 잔디밭, 5월이면 찬란하게 피는 마로니에 숲을 생각하니 그 씨앗들의 안위가 궁금해진다.

1960. 1

하늘

그림을 그리는 시간 외에는 그림을 생각지 않기로 했다. 그림을 그리지 않고 생각하는 그림은 거개가 작품과는 딴 것이 되기 때문이다. 나는 아무 생각 없이 새 화포 앞에 선다. 새 화포 앞에 서면 그냥 그림이 시작되어진다. 제작하며 생각하는 생각이 결국 그림을 만들게 된다.

새와 달과 산을 십수 년 그려 왔으나 아직도 이런 것을 더 그리고 싶다. 브라크도 새를 많이 그리고 루오와 미로도 달을 많이 그리지만 내 새와 내 달과는 아주 다르다. 불란서[프랑스]에는 달 보고 바보라는 말이 있다. 그들은 달보다는 태양을 사랑할지도 모른다. 그렇다면 달은 동양의 것일까.

불원해서 달도 정복될 모양이니 달의 신비가 깨뜨려지는 날에는 나도 태양이나 별을 그리게 될지도 모른다.

1960. 1

산山

늘 산을 생각하면서도 산에 못 간다. 요행히 학교가 산비탈에 있어 산에서 사는 것 같고 화실 창 밖으로 북한연봉北漢連峰이 내다보이니 생활이 흡사 화의간산격畵意看山格이다.

창밖, 그중에도 꾀꼬리는 지금도 가까이 와서 울고 있으니 자연의 혜택도 이만하면 넘칠 정도다.

- 졸음이 오면 웃통을 벗고 뙤약볕에 나가 운동장을 한 바퀴만 돌면 되리라. 후정後庭에 흐르는 물이 있으니 목욕도 하고…….

이 여름은 이렇게 지내며 급속도로 일을 계속할 생각이다.

1960. 7

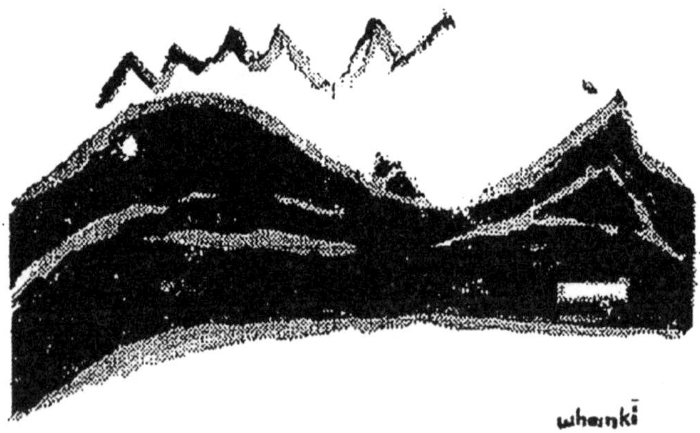
whanki

파리 화첩

마로니에

파리의 가로수는 마로니에가 으뜸이요, 그다음 보리수, 플라타너스, 버드나무, 가죽나무 등등이다. 지금 이맘때면 벌써 낙엽이 돼 있을 게다. 파리는 우리나라처럼 가을이 없다. 여름이 가면 그냥 으스스 안개 낀 겨울이 오고 만다. 나뭇잎이 단풍 들어 떨어지는 게 아니라 말라 들어가서 떨어진다.

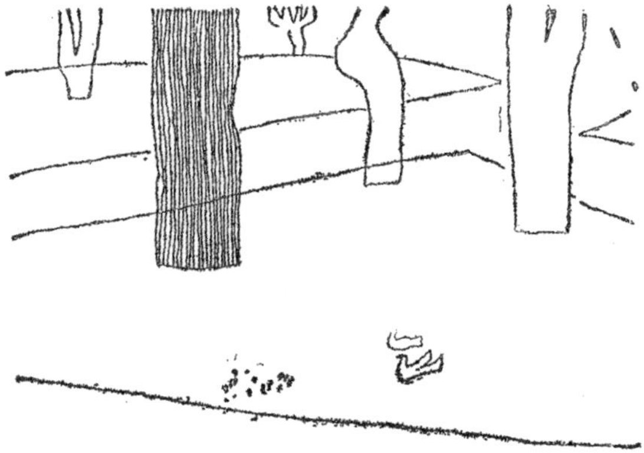

마로니에 잎은 8월달부터 마르기 시작해서 이맘때면 완전히 낙엽이 지고 열매마저 다 떨어졌을 때다. 무슨 나무든 늙으면 격이 서는 거지만 파리의 가로수 마로니에는 모두가 아름드리 이상으로 늙었기에 이 늙은 거리에 더욱더 어울리는 것이다.

봄이면 늙은 나무 가지가지에서 싹이 튼다. 이 싹이 꼭 꽃봉오리가 피어오르는 것같이 보인다.

4, 5월이면 하얀꽃이 된다. 더러는 분홍꽃도 된다. 자잘한 여러 꽃이 뭉쳐서 커다란 한 송이 꽃으로 된다.

'꽃 피는 파리'라 함은 이 마로니에가 피는 파리의 5월을 두고 하는 말이다. 탐스러운 이파리 속에 탐스러운 흰 꽃송이는 향기까지 내뿜는다. 비둘기는 마로니에 가지에서 후드둑거리고, 5월의 햇살은 제법 쨍쨍할 때가 많다. 산처럼 무겁고 산처럼 크나큰 아름다운 건물을 끼고 마로니에는 하늘 높이 자란다.

우리도 이제 도시를 만들고 나무를 심으면 꽃도 피고 열매도 열리는, 우리 풍토에 잘 맞는 그런 나무를 잘 골라서 심어야 하겠다.

파리는 벌써 마롱(마로니에 열매)이 떨어졌을 무렵이다. 두부 빛깔 건물의 거리에 까맣게 서 있을 마로니에 나무를 생각해 본다.

포도

뮤스카麝香란 포도가 어찌나 맛이 좋던지 그 포도씨를 가지고 와서 뒷마당에 심어 보았다. 물을 주며 조석으로 들여다 보아도 영영 싹이 오르지 않았다.

포도가 씨로 번식이 되는 것일까? 파리에서도 그런 생각을 해보았지만, 짐이 되는 것도 아니고 해서, 하여튼 가지고 나가서 심어 보자 했던 것이다.

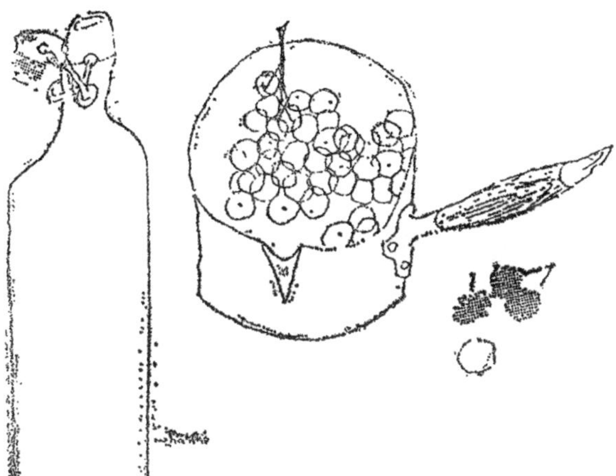

포도씨를 심기 전에 전문가에게 물어보고도 싶었는데 영 물어보지도 못했고 지금도 포도가 씨로 발아를 하는 것인지 모르고 있다.

가을이 되면 파리의 포도들이 생각이 난다. 포도 중에서도 뮤스카의 맛이란 이루 형언할 수 없으며 또한 그 높은 향기란 파리 여성들이 발산하는 제 아무리 고가한 향수냄새 일지라도 그따위에 어디 비길 것인가.

한 알 한 알 따먹는 게 아니라 송이째 들고 한 주먹씩 뜯어서 볼이 메이도록 그렇게 먹어야 한다. 체내에 스미는 향기로운 단물은 아무래도 미각의 최고봉이리라.

이러한 진귀한 포도의 원산지이기에 불란서[프랑스]의 포도주가 유명할 수밖에 없다.

포도 이름 그대로 뮤스카란 술이 있다. 이 술은 식사 전에 마시는 술로서 생포도 뮤스카의 맛과 향기를 그대로 지니면서 그보다 더 높고 깊은 농도로 사람에게 환희를 가져오게 한다.

꿀꺽 마셔 버릴 술이 아니며 또 그럴 수도 없는 술이다. 잔이 말라가는 것이 진정 아까와지는 술이다. 취해지는 것도 아니요, 또 안 취해지는 것도 아닌 술- 뮤스카. 그 나라 술을 마셔보라. 역사와 문화와 예술을 그냥 직감하리라.

파리의 굴뚝

굴뚝의 파리라고 할 만큼 파리의 하늘엔 굴뚝이 많다. 형형색색의 굴뚝, 파리의 하늘은 굴뚝의 산림과도 같다. 태양이 없는 파리의 하늘에, 항상 흐리기만 한 우중충한 파리의 하늘에 이 무수한 형형색색의 굴뚝들은 단연 하나의 미관이 아닐 수 없다. 가장 인상적인 파리의 애교일 거다.

그런데 이 굴뚝들이 겨울이 되어 한꺼번에 연기를 내뿜으면 어떡하지? 쓸데없는 걱정을 했었는데 정작 겨울이 되어도 이 굴뚝들은 그렇게 연기를 뿜지 않았다. 알고 보니 모두가 고층 건물들이라 연기가 올라가는 도중에 없어져 버린다고 한다.

이 무수한 굴뚝은 난방하는 벽난로의 굴뚝들이다. 현대건물에 현대식 난방도 없는 건 아니지만 이 늙은 도시 파리엔 이 고풍한 벽난로가 제격이요, 파리장들 또한 이 뽕 데 자르藝術橋의 동편, 바로 노틀담의 사원寺院이 있는 시테 섬 뒤에 생 루이라는 섬이 또 하나 있다.

이 섬에서 한겨울 지낸 적이 있는데 우리는 겨우내 호도胡桃나무 장작으로 살았다. 동네 숯집에 부탁해 두면 하루 한 마대씩 날라다 준다. 두 쪽 내기 호도나무 장작을 슈미네에 지피며 거기 밤도 구워 먹었다. 장작이 타는 냄새, 밤이 구워지는 냄새 속에서 소년 시절을 추억하며 일을 했다.

불꽃이 보이지 않는 난방도 좋지만 불꽃을 바라본다는 것이 얼마나 마음을 덥게 하는 것일까?

카페

'물랭 아 카페'라는 생활 도구가 있다. 카페 알을 갈아서 가루로 만드는 일종의 맷돌이다. 공장에서 가루로 만들어서 생철통이나 봉지를 넣어서 파는 것도 있으나 파리에서는 이것을 좋아하지 않는다. 그러기에 모두들 알 카페를 사다가 제집에서 갈아서 먹는다. 카페를 가는 물랭도 가지가지가 있어서 전기 물랭이면 편리하다. 그러나 무릎 위에 놓거나 끼고 손으로 달달 가는 이 고풍한 물랭을 나는 사랑한다.

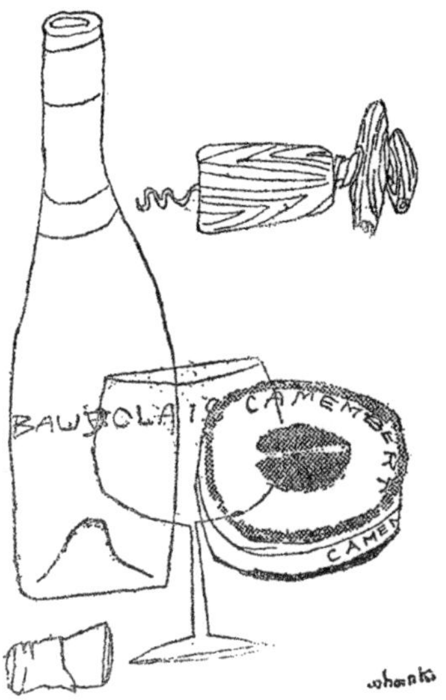

파리의 부엌살림으로 내가 좋아하는 것은 코르크 마개를 빼는 도구, 과실을 짜는 도구, 카페 가는 물랭들인데 그중에서도 이 물랭이 제일 마음에 들어 모양이 재미난 것 서너 가지를 사다 두고 때에 따라 이것저것 쓰는 것으로 조그만 취미가 되었다.

윤기가 반질반질한 카페알을 제손으로 달달 갈아서 금시에 내려 먹는 카페의 신선한 향기와 그 맛이란 다방의 그것과는 다르다.

아침에 일어나면 물랭을 들고나와 사박사박한 카페 알을 갈고 있으면 마음이 평화로와진다. 마치 서예가가 먹을 갈며 상념하듯이 물랭을 달달 갈고 있으면 마음이 고요해진다. 아침 카페 잔은 대접에 가깝도록 크다. 아침 카페는 아침 식사이기 때문이다.

막걸리 같은 진한 목장 우유에 검게 낸 카페를 반반씩 해서 한 대접을 마시는 이 카페오레를 나는 잊을 수가 없다.

베르니사주

파리엔 베르니사주가 하루에 평균 50여 개가 있다. 이 말은 하루에 새로 여는 미술전이 50여 개가 있다는 말이다.

베르니사주란 말은 완성된 그림을 공기나 습기를 막아서 퇴색을 방지하고 또한 화면에 윤택을 내기 위하여 화가 자신이 최후로 화면에 베르니(바니스)를 바른다는 말인데, 이 말이 변화해서 개관 전일의 뜻으로 사용된다. 그러니까 일반 공개 전일, 다시 말하면 초대일을 의미한다. 이 초대일의 시간은 대개가 오후 5시에서 9시까지가 보통이고 베르니사주가 가장 많은 날은 금요일이다.

베르니사주의 저녁 회장은 여송연 냄새, 향수 냄새로 가득하며 사람마다 입을 제대로 두지 못하니 온통 장내가 왁자지껄할 수밖에 없다. 이 사람들은 제각기 소감을 작가에게 한마디씩 하는 거로 예외가 됨직도 해서 작가와 화랑 주인은 여기에 일일이 대응하기에 진땀을 뺄 정도다. 베르니사주에 꽃다발이 들어오는 것도 아니요, 술이나 다과가 나오는 것도 아니지만, 그러나 베르니사주의 회장은 더없이 화려하다.

국화

번화한 몽파르나스 거리도 묘지 쪽으로 걸어 나가면 조용해진다. 이 거리를 걷다가 묘지에 들어서면 더욱 조용해진다. 묘지엔 곳곳에 걸상이 있어서 거기 걸터앉아서 담배나 피우고 있으면 그냥 쉬어지기도 했다.

수많은 무덤 위에는 늘 봐도 가지각색의 꽃들이 연달아 놓여 있었다. 이 가지각색의 꽃도 가을이 되면 모두가 국화 일색이 된다.

파리에도 가을은 성묘절이다. 이 성묘절 무덤의 헌화는 국화다. 동양에선 국화를 높이 치는 꽃으로 알고 있는데 저 사람들에게 국화는 성묘에만 쓰는 무덤의 꽃인 것 같다. 그러기에 가을이 되면 묘지 부근 거리에는 국화 시장이 선다.

11월 1일은 뚜상[만성제萬聖祭] 이어서 이날을 전후하여 묘지와 거리는 성묘객이며 국화 시장으로 꽉 차게 된다.

내 무덤 위에 수양버들을 심어 달라고 노래한 시인 뮈세는 페르 라 셰즈에 묻혀 있고 과연 그의 무덤 위에는 수양버들이 늘어져 있었다.

우리나라에서도 수양버들은 집 앞에 심지 않는다. 불어로 수양버들을 솔 폴러뢰르(Saule Pleureur)라고 하니 직역하면 우는 버들이란 뜻이니, 그러고 보면 수양버들 역시 무덤에 심어

져야 할 나무인가. 데생은 조각가 브랑쿠시가 만든 몽파르나스 묘지의 어느 무덤의 모뉴망.

아내에게 주는 편지

7월 29일.

오늘도 비가 오락가락 날이 이러면 제작을 시작하고 싶지도 않고, 조반 후 지금 아이 시켜 중앙국에 편지 넣으러 보냈고, 방 안을 약간 정리하고 남녘 창 문지방에 책상을 놓고 지금 편지를 쓰오. 참 그 푸른 담배 잘 피웠소. 저번 편지에도 썼지만 한 갑은 이산怡山, 한 갑은 어머님, 두 갑은 내가 피웠지.

쓰다가 붓을 멈추고 마당을 내다보면 노랗고 빨갛고 또 무슨 빛깔의 꽃들이 우중雨中에 피어 있소. 분꽃은 비가 오니 꽃이파리를 딱딱 오므리고 고개를 숙이고들 있구만. 저번에는 우리가 가지를 쳤지만 이번에는 옆집에서 울타리 아카시아 가지를 쳐서 한결 훤칠해졌소. 가죽나무는 무성하게 가지가 오르더니 저번 비바람에 찢어진 가지도 있고 해서 약간 성글고 이럴 때 내 곁에서 있으면 오죽 좋을까. 비내리는 정원을 둘이서 내다보고 있으면 오죽이나 좋을까.

-너, 내 파리에 가서 살아 보다 다시 돌아오게 된다면 난 서울서 살고 싶지가 않아. 서울이 싫은 것이 아니라, 좋기는 하지만 그까짓 것들 다 버리고 전원으로 가고 싶어. 꽃 심고 푸성귀

뿌리고 짐승들과 새와 그렇게 하고 살고 싶어. 너는 찬성해 주겠지. 우리 둘이 만을 위해서 우리들은 살고 싶고 노력하고 싶어. 이것이 나의 진실이야. 나는 절대로 행복한 사람이야. 너도 절대로 행복한 사람이고. 나 파리에 가면 그전부터 생각해왔던 거지만 되도록이면 거기서 오래오래 아니 가능하다면 영주永住하고 싶어. 그러나 나 같은 마음 약한 예술가가 누구보다도 고국을 그리워할 거야. 허나 언젠가 불국사에서 느낀 것이지만, 애인이 있는 곳이 고향인 것 같아. 그 쓸쓸한 이방인으로서는 파리에서 혼자서 어떻게 살아낼 수 있겠나 말이야. 나 혼자서는 '파리 영주'는 생각할 수도 없으려니와 추호도 자신이 없어. 허나 너와 더불어 있다면 난 가능할 것 같아. 같은 게 아니라 자신이 있어. 조국이 더 큰 거라면 사랑하는 사람은 조국이기도 해. 애인과 조국은 분리할 수 없는 불가분한 것이 아닐까?

- 마당엔 참 양귀비가 피었소. 그 울트라마린 꽃도 피었소.

- 여기 걱정은 말고 부디 몸조심하고 맛있는 것 늘 먹도록 해요.

난 앞의 그림과 같이 지내고 있으니!

빗속의 광채

남한산성南漢山城 성들 위에 너와 내가 앉아서 서울 쪽 하늘을 바라보고 있었다. 해는 쨍쨍한데 멀리서 먹구름 이불이 한 장, 차츰 우리 편으로 날아오더니 바로 우리들의 머리 위에서 소나기로 퍼부었다. 우리들은 앉아 있는 대로 얼음 냉수마찰에 못지않는 소나기에 희희낙락했었다. 헌데 어인 일인고. 소나기 속에서도 우리들의 옷은 한 방울도 비에 젖지 않고 빗속에 있는 우리들 몸에는 황금빛 광채가 눈부시게 발사하지 않는가. 하도 신기해서 무릎을 치고 보니 순연 꿈이었고 창밖에 빗소리가 한창이었다.

1960. 8

상봉上峰

억지소리를 들어도 좋다. 상도동上道洞에 살던 재미란 합승에 매달려 조석으로 한강을 건너는 재미였고 서울의 중추신경인 중앙도中央道를 궤뚫어 달리는 재미였다. 먼지의 도시에서 하루를 지내다가 강 건너 마을을 향하여 강 위를 달리노라면 강바람에 먼지는 다 씻기는 듯했다. 상도동은 얼마나 훈훈한 땅이던가. 바람도 없고 따뜻하기만 하던 상도동을 이 겨울에 떠나왔다. 여긴 서강西江이다. 와우산臥牛山 상상봉이다. 휘몰아오는 바람 속에서 살며 얼어붙기 시작한 한강 줄기를 굽어보며 이런 명당도 있었던가- 상도동이 미안할 정도로 여기 자리잡아 옮겨온 것이 기쁘기까지 하다. 산협山峽을 좋아했고 배산背山 남향南向만을 좋아했던 것이 한이 된다. 고요하고 아늑하고 다사롭고- 나는 이젠 이런 것들이 싫어졌다. 물은 지게로 져올려 먹더라도 산허리보다는 산봉우리로 기어 올라 사면을 조망하며 북풍 속에서 사는 것이 신이 난다.

1960. 12

무제

어제도 아무런 감격이 없는 날이었는데 새해 아침이라 해서 오늘따라 무슨 감격이 있을 리 없다. 바로 며칠 전에 조각가 한 사람이 자살을 했다. 그는 젊디젊은 예술가였다.

"가까운 날에 꼭 찾아가 뵐 일이 있습니다."

학교로 전화가 걸려왔으나 그는 찾아오지도 않고 약을 먹고 죽어 버렸다. 그지없이 섭섭한 일이다. 찾아왔던들 둘이서 진탕 술을 먹었을지도 모른다. 그리고 죽어 버릴 생각을 버렸을지도 모른다. 그리고 더욱 좋은 작품을 해낼 수 있었을 게다. 슬픈 일이다.

예술가를 학대하는 이런 나라는 싫다.

창 밖에 아침 해가 솟아오르나 아무런 감동도 오지 않는 아침이다.

1961. 1

배꽃

밤마다 밤이 깊으면, 배 하나를 먹는다.

전라도 나주에서 오는 배다. 어찌하면 이토록 맛있는 실과가 우리 땅에서 나는 것일까.

옛날 배꽃이 피는, 구름같이 피어오른 배꽃 언덕을 말을 타고 뛰어놀던 소년 시절이 생각난다. 말굽 소리에 울려 배꽃이 우수수 떨어졌던 것 같은 그런 생각이 난다.

혹시 이 배는 그 과원에서 오는 것이 아닐까.

얼음장 같은 하아얀 살에서 물이 줄줄 흐른다. 하얀 살에 까만 씨가 박혀 있다.

이 불가사의한 아름다움은 어디서 오는 것일까.

씨를 거둬 책상 위에 놓는다.

이 봄엔 내 뜰에 심자는 것이다.

밤섬과 비둘기

작년 여름에도 학교 연구실에서 지냈다. 금년 여름에도 그럴 것 같다. 냉수욕을 하며 연구실에 들어앉아 있는 학생들이 있으면 밤섬에 천막이나 칠까 한다.

늘 건너다보는 저 밤섬에 한번 건너가 보지 못했다. 저 밤섬에도 막걸리 집은 있을 게고 어쩌면 장어요리도 먹을 수 있을지 모른다.

시인 용팔 형이 흰 비둘기 한 쌍을 보내왔다. 집을 지어 높이 달아 주었더니 자고 나면 훨훨 날아 밤섬을 오락가락하더니만 요즘 암놈이 알을 품기 시작하자 수놈은 마당 밖을 나가지 않고 방안에까지 들어와서 노는 판이다. 요새 장마철이라 비둘기 발목은 한층 더 빨개져서 수주樹州의 시가 생각나며 고인의 생각이 간절해진다.

"이제는 젖빛 구름도 꽃의 입김도 자취 없고 다만 비둘기 발목만 붉히는 은실 같은 봄비만이 소리도 없이 근심같이 내리누나!"

1961. 7

비둘기

이 추위에 우리 비둘기는 또 새끼 두 마리를 깠다. 그래서 일곱 마리가 되었다. 새끼들은 아직도 집에서 못 내려오나 다른 놈들은 이 추운 날에도 훨훨 날아 어디론지 갔다가 또 날아오곤 한다. 우리 동리에 또 다른 한 패의 비둘기 떼가 있어 그놈들도 자주 우리 집 하늘을 날고 있으나 우리 비둘기는 한번 그 놈들과 섞여서 놀거나 나는 것을 못 보았다. 그놈들은 모두 알록달록 점박이들이요, 우리 비둘기는 모두가 희기만 한 놈들이다.

알록달록한 다른 한 패와 섞이지 않고 저희끼리만 우리 마당에서 놀고 있는 것을 보면 귀여워 죽겠다. 이제 새끼 비둘기도 빨리 털을 입고 마당에 내려오면 우리 집은 더 성관盛觀일게다. 봄도 멀지 않았으니…….

1962. 1

서울

아침저녁 한강을 바라본다. 요즘은 한강을 바라보는 재미에 사는 것 같다. 그런데 저 아름다운 한강에 날마다 사람이 죽는다고 하니 그런 것을 생각하면 도도하게 흐르는 물이 징그럽고 무섭기도 하나 이것은 순간이요 흐르는 한강은 역시 아름답다.

세느강에서는 수영은 않지만 실수로 혹은 투신 자살로 강에 빠지면 빠지기가 무섭게 곧 구조선이 날아와서 건져 버린다고 하니 세느 강에 익사자는 있을 리 없다. 그리고 재미나는 것은 만일 그것이 투신 자살자였을 때는 구조에 동원됐던 총경비를 물어야 한다하니 가난한 사람은 세느 강에 몸을 함부로 던질 수도 없다.

우리 한강에도 여름철이 되면 치밀한 과학적인 경비 시설과 훈련된 기동대를 두어서 이 방면을 연구해 나간다면 해마다 많은 귀중한 생명을 잃지 않을 거고 강은 여전히 아름답게 흐를 것이 아닌가.

서울을 떠올릴 때 한강을 아니 생각할 수 없다. 그러나 서울의 한강이면서 실제로 서울의 한강이 되어 있지 않다.

한강은 그대로 원시적인 한강으로 버려져 있기 때문이다.

이번 국토개발 사업에 왜 한강이 들어 있지 않나 생각도 들었지만 우리는 좀더 거대한 국책으로 한강으로 건설하는 사업을 연구해 볼 만도 하다.

인도교에서 상하의 기슭을 보라. 그 광활한 백사장- 거기 또 하나의 서울을 앉힐 수 있지 않을까.

한강을 다스리면 진실로 아름다운 강이 될 것이며 정말 '도시의 강'이 될 것이다. 어디 그뿐이랴. 거대한 수송로가 될 것이니 해볼 만한 사업이 아닌가.

이렇게 생각해 나가면 신 서울을 한강 건너로 옮길 만도 하다. 지금의 서울을 두고 이렇게 저렇게 도시 계획을 해봤자 걸리는 게 많아서 오밀조밀한 것밖에 되지 않을뿐더러 눈을 꼭 감고 밀어 버리기 전에는 현재의 서울 위에다 현대의 도시 수도로서의 서울을 건설한다는 것은 도저히 불가능한 일이다.

가뜩이나 가난한 나라이니 서울의 도시계획은 서울을 다치지 않을 정도로 최소한도로 하고 신 서울을 과감하게 강 건너로 끌고 나가자는 말이다. 중앙청을 한강 백사장에 짓든지 아주 강 건너로 가져 가든지 의사당도 그렇게 했으면 어떨까.

그러면 요긴하고 바쁜 것 한두 가지가 아니겠지만 그중에서도 지하철도 하수도 이런 일을 먼저 시작해야 할 것 같다. 지금의 서울도 그렇지만 앞으로 갈수록 지상 교통만으로는 교통

해결이 절대로 불가능할 것이니 실업자 구제책으로라도 빨리 착공해 볼 만도 한 일이다. 여기서 나오는 부산물 돌로는 도로 포장을 한다면 희한할 것도 같다.

하수도도 아주 인천바다로 뽑아 갔으면 어떨까. 내가 알기에는 서울의 배설물은 모두가 한강으로 쏟아져 나온 성싶다. 실상 알고 보면 뚝섬 하류는 똥물일지도 모른다.

하수도 배출구를 인천에서 4, 5킬로미터 바다 밖으로 뽑아 버리면 아주 이상적이 아닐까.

서울이란 도시를 나는 이렇게도 꿈을 꾸어 보지만 이것은 시민의 한 사람으로서의 꿈이요 이런 일은 이 방면의 전문가들에게 맡겨야 하겠지만 최근 내겐 한 가지 납득이 안 가는 일이 있다.

덕수궁의 저 담장을 허물고 철책으로 하느냐 그대로 두느냐 하는 여론 기사를 보았기 때문이다.

왜 이런 생각을 할까. 어떤 사람들이 이런 생각을 해내는 것일까. 무슨 생각에서 덕수궁의 저 아름다운 담을 허문다는 것일까. 옛날 광화문이 헐려 나갈 때 "아아, 광화문……"이렇게 처절히도 울었던 일본사람 야나기 무네요시柳宗悅 씨가 생각난다.

남대문만이 국보가 아니고 문화재가 아니다. 아직도 서 있는 저 남대문을 몇억인가를 들여서 지금 보수공사가 착수되고 있는 오늘, 덕수궁의 저 아름다운 담장을 허문다는 것은 이거

어찌된 일인가. 몇 억을 들여 남대문을 보수하는 의미가 어디 있는가.

서울의 애정은 중앙청이 있어서가 아니요 반도호텔이 있어서가 아니다. 남대문·동대문·덕수궁·창경원·비원·경복궁- 이런 것들이 있어서 서울인 것이요, 서울에 애정이 가고 다소 자랑도 되는 것이다. 창경원 담장을 끼고 걸어 보라. 덕수궁 담장을 끼고 걸어 보라. 옛날 총독부의 그 동물원 같은 철책 밖을 걷던 그것과 다시 생각해 보라. 시청 광장에서 바라다보는 덕수궁의 담장이 왜 눈에 거슬렸을까.

오늘 우리가 역사의 민족이요 생활을 가진 민족으로 자랑을 한다면 저러한 담장 안에 들어 있는 건물만이 있어서가 아니라 그런 것들을 둘러싸고 있는 아름다운 담장도 가지고 있기 때문이다.

담장은 우리 민족의 하나의 고유한 문화가 아닐까. 지금까지 지켜온, 일본사람들도 허물지 않았던 저 아름다운 덕수궁의 담장을 우리 손으로 허문다는 것이 어찌 슬픈 일이 아니겠는가.

조상에게 받은 우아한 오동장을 들어내고 니스 칠이 뻔쩍거리는 합판장을 들여와서는 안 될 일이다.

1961. 8

편편상片片想

1

미술평론가 꼰랑 옹翁은 내 그림을 자기磁器 같은 살결이라 했고, 내 아뜰리에의 학생 윤尹 군은 내 선을 도자기의 선이라고 했다.

본바닥 전문가의 평은 그저 그랬지만 윤 군의 깜찍한 감각에는 찔끔했다. 사실, 나는 단원檀園이나 혜원蕙園에게서 배운 것이 없다. 나는 조형과 미와 민족을 우리 도자기에서 배웠다. 지금도 내 교과서는 바로 우리 도자기일지도 모른다.

그러니까 내가 그리는 그것이 여인이든 산이든 달이든 새든간에 그것들은 모두가 도자기에서 오는 것들이요, 빛깔 또한 그러하다.

저 푸른 그릇을 보라. 저 흰 그릇을 보라. 저 둥근 항아리를 보라. 날씬하게 서 있는 저 제기祭器의 굽을 보라. 저 술병의 모가지를 보고, 깎아내린 그 칼 맛을 보라. 찌들고 썩은 이 찻종의 호흡과 체온을 못 보는가?

2

피카소는 발견이란 말을 많이 쓴다. 그다음엔 파괴란 말을 또한 많이 쓴다. 발견하고 표현하며 그다음엔 파괴해 버린다. 피카소의 창작은 파괴인 것이다. 그래서, 자꾸 전진해 가고 있는, 자꾸 전진해 가기 때문에 여든 살 된 노인이 아직도 젊은 세대의 앞장을 서 있는 거다.

여러 예술 분야에 있어 미술이 가장 전위에 나가고 있는 것도 피카소의 위력이요, 많은 미술가들이 안심하고 난해한 그림을 그리고 있는 것도 피카소의 혜택이다. 피카소는 늘 앞장을 서서 미술을 보는 법을 세계 시민들에게 가르쳐 주었기 때문에, 오늘의 젊은 미술가들은 자유로이 제작만 하면 되는 것이다.

여행 중에 어느 주보를 들여다보거니, 거기 노老 피카소가 벌거숭이로 춤을 추고 있는 사진이 소개되었다.

그날의 일을 명랑하게 하기 위해서 아침이면 으레 한바탕 춤을 춘다는 것이었다.

르노아르는 장미를 피우게 하고, 조롱의 새를 울리며 분홍 그림을 그렸다.

피카소도 젊은 프랑소아즈와 지중해에 살며 로제의 목신牧神을 그렸다.

춤추는 피카소의 사진은 아직도 인상에 있지만, 미소 없이

볼 수 없는 피카소의 춤에는 어딘지 투우鬪牛와 같은, 똑 피카소 자신의 그림 속에 나오는 소와 같은 그런 피카소였다.

피카소의 소는 바로 피카소의 자화상인 것이다.

매일 아침 제작에 들어가기 전에 춤을 추는 피카소와 정신없이 싸우는 피카소를 분리해서 생각할 수는 없다.

3

이런 것도 예술과 싸우는 것일까?

1951년 부산에서 살 때다. 생철지붕 밑, 그것도 허리를 펼 수 없는 다락 속이었다. 이 다락 속에서 줄곧 일을 했었다.

삼복三伏, 이 다락 속은 숨이 콱콱 막혔다. 한번은 복중에 일을 하다 말고 내 정신 상태를 의심해 보았다. 미쳤다면 몰라도 그 폭양이 직사하는 생철지붕 바로 밑에서, 그것도 허리마저 펼 수 없는 그런 다락 속에서 그림을 그리고 있었으니 말이다. 그렇다고 해서 무슨 급한 부탁도 아니요, 들고 나가 한 됫박쌀이나 소주 한 병으로 바꿀 수 있는 그런 형편도 아니었다.

그저 그릴 수밖에 없었다. 그저 일을 지속할 수밖에 없었다. 그러면서 달콤한 문학적인 것으로만 여겨왔던 예술과 싸운다는 말을 이 다락 속에서 다시 생각해 보았다.

파리에서 고생살이할 적이다. 아침 9시에서 자정이 넘도록

죽느냐 사느냐 하는 심경으로 날이면 날마다 붓을 들어왔다. 앞이 캄캄해서 지척이 안 보이는 절벽에 서서 붓을 드는 심경-이것은 몸소 체험하지 않고는 모를 일이다.

알프레드 마네시에는 내 그림 앞에서 "싸우라, 싸우라, 우리들은 이렇게 싸울 수밖에 없다"고 몇 번이고 되풀이해 주었다.

4

미술가는 아름다운 것을 만들어 내기 전에 아름다운 것을 알아내야 한다. 아름다운 것에 무감각한 미술가가 있을까.

미술가는 눈으로 산다. 우리들은 눈을 가졌으되, 만물을 정확히 보고 있는 것일까?

옥석玉石을 분별 못한다는 말이 있다. 돌 틈에서 옥을 발견해 낸다는 것은 하나의 창조의 일이다.

모딜리아니나 피카소가 아프리카 조각을 발견했고, 저 농가의 부엌에 쌓여 있던 우리 뚝배기를 찻그릇茶椀으로 발견해낸 일인日人들의 감각은 틀림없이 모두가 창조의 일이다.

로댕이 "자연을 잘 보라, 거듭거듭 자연을 잘 보라"고 되풀이했던 그 말은 자연 속에서 구체적이고 불가사의한 미를 발견해 내라는 말이 아닐까?

나폴레옹이 이집트에서 그 어마어마한 돌기둥(돌기둥이라

해서 실감이 안 난다. 저 중앙청 돔만치나 높을까), 그렇게 길고 육중한 돌덩어리를, 저 오벨리스크를 파리까지 끌어왔다. 그리고, 루브르 한 층을 이집트 것으로 꽉 채웠다. 이것들이 전쟁으로 인한 약탈이라 할지라도 우리가 감탄하지 않을 수 없는 것은, 좋은 것을 알아내는 그 안목과 정신인 것이다.

5

긁히지도 않고 금 하나 없는 쭉 빠진 우리 자기磁器를 본다는 것은 희한한 일이다. 그러나 산산이 부서진 우리 자기의 파편을 본다는 것은 가슴 아픈 일이로되, 왜倭사기나 양洋사기 따위의 완전한 것을 보는 것과는 그 감흥이 자못 다르다. 좋으면 좋은 것일수록 파편이 빛을 발한다.

산산이 부서진 루오의 그림을 생각해 본다. 그 어느 조각을 들고 보아도 보석처럼 찬란히 빛날 것만 같다.

마티에르란 진실로 이러한 것이 아닐까

6

한번은 세느 화랑가畵廊街를 거닐다가 어느 화랑 진열장에서 아름다운 루오를 발견했다. 크기가 명함만 한 종이에 그린

과슈(포스터 칼라 비슷한 재료)의 얼굴이었다. 들여다보고 있으니 욕심이 났다. 1935년 작이었다. 저 정도면 얼마나 할까? 아무리 비싸대도 저렇게 작은 소품이라면 내 경제력을 가지고도 살 수 있을 것 같아서 곁에서 같이 들여다보고 있던 아내와 의논을 했다. 2백 불, 3백 불, 5백 불까지 올라가서, 5백 불까지도 사자고 합의되었다. 우리들은 은밀히 웃고 나서 씩씩하게 화랑에 들어섰다. 다짜고짜로 저 루오가 얼마냐고 물었다. 나도 그럴 수밖에. 그러나 나는 그 루오를 사야만 했다. 5백 불 예산에 배가 뛰었지만 그 그림에 비하면 그까짓 천 불, 싼 돈이었다. 나는 사자 하고, 아내는 생각해 보자 하고, 우리들은 한참 승강이를 하다가, 결국은 맨손으로 그 화랑을 나왔다.

그 후 우리들은 차를 마실 때나 식사를 할 때나, 잠자리에 들어가서도 그 명함 짝만 한 루오의 얼굴 얘기였다.

그럼, 앞으로는 굶는 한이 있더라도 그 루오를 사버리자고 우리들은 완전 합의를 보고 나서, 그대로 앞서거니 뒤서거니 세느 가街로 걸어나갔다.

그런데 웬걸, 그 화랑 그 진열장의 그 그림이 없어졌다. 선뜩한 생각이 들기는 했지만, 진열이란 수시로 바꾸기 마련이었다. 문을 열고 들어서며 그 루오를 찾았다.

루오는 팔렸다고 했다.

꼭 내 소유물을 날려 보낸 것만 같아서 아내가 원망스럽기

짝이 없었다.

이젠 루오도 영영 가고, 꼭 내 벽에 걸려 있을 그 루오의 피에르가 어느 수장가의 깊은 벽에 걸려 있을까?

7

1957년 9월 초에 남불南佛 니스에서 개인전을 했을 때다. 니스 방송국에서 전화가 오고 잇달아 국원이 왔었다. 이제 곧 가서 12시 방송을 해 달란 것이었다. 한국 미술가로서 무엇이든 10분 동안만 얘기해달라는 것이었다. 나는 방송해 본 경험도 없고, 또 아무런 준비도 없을뿐더러 말도 할 줄 몰랐기에 사절을 했으나, 결국은 마담 환기가 통역을 하기로 하고, 우리들은 얼떨떨한 기분으로 차에 올랐다.

방송국에 당도하니, 곧 귀빈실로 안내되었다. 마실 것이 들어 온 다음, 우리보고 한 5분간 방송 내용을 생각해 보라 하고는, 국원들은 우리 둘만을 두고 나가 버렸다.

우리 방송 시간은 12시 반인데, 10분 정도의 여유밖에는 없을 것 같다. 갑자기 무슨 얘기를 해야 할지 생각도 안 날뿐더러, 난생처음으로 마이크 앞에 설 것이 겁이 났다. 그때 우리 방엔 정오의 아름다운 음악이 들려왔고, 저 음악이 끝나면 우리 차렌 것 같았다. 불안해하는 나를 보고 아내가 하는 말이 "수화樹話야

뭐 걱정이요, 우리 말을 누가 알아듣길래. 내가 야단났어." 하긴 그럴 것 같았다. 방에 들어서니 높고 얕은 여러 가지 모양의 마이크가 띄엄띄엄 서 있고, 방의 벽이 모두가 유리로 되어 있어, 옆방에서 작업하고 있는 사람들이 그대로 보였고, 녹음기 같은 것들을 들고 있는 것도 그대로 보였다.

중년의 여성 아나운서가 우리 앞에 나타나서, 우리보고 얘기를 해보란 것이었다. 이것은 목소리의 연습인 것 같은데, 우리의 목소리를 기계로 적당히 조절하는 모양이었다.

나는 다소 용기가 났다. 용기가 났다는 것보다도 한번 우리 말을 근사하게 하고 싶었다. 그러자 우리 방에 땡 하는 종소리가 났다. 아나운서는 우리를 니스 시민들에게 소개한다. 소개가 끝나자, 나도 나지막하고 굵은 목소리로 니스 시민들에게 인사를 했고, 우리 소개도 했다. 그다음 무슨 내용의 말을 했는지 나도 잘 모르지만,

"우리 한국의 하늘은 지독히 푸릅니다. 하늘뿐이 아니라, 동해 바다 또한 푸르고 맑아서, 흰 수건을 적시면 푸른 물이 들 것 같은 그런 바다입니다. 나도 이번 니스에 와서 지중해를 보고 어제는 배도 타봤습니다만, 우리 동해 바다처럼 그렇게 푸르고 맑지가 못했습니다. 우리나라 사람들은 순결을 좋아합니다. 깨끗하고 단순한 것을 좋아합니다. 그러기에 백의민족白衣民族이라 부르도록 흰빛을 사랑하고 흰옷을 많이 입습니다. 푸른 하

늘, 푸른 바다에 사는 우리들은 푸른 자기磁器 청자靑磁를 만들었고, 간결을 사랑하고, 흰 옷을 입는 우리들은 흰 자기, 저 아름다운 백자白磁를 만들었습니다……."

대개 이러한 문학조로 우리의 자연을 소개했던 것 같다.

- 우리가 부야베스(생선국)을 대접받고 바닷가에 나갔더니, 벌거숭이 선남선녀善男善女들에게 인사받기에 바빴다. 이 사람들은 우리 방송을 들었던 것이다. 이 방송을 듣고 내 회장에 나오는 사람들이 부쩍 많아졌다. 당신의 나라말 참 아름답다는 것이다.

니스에서의 개인전은 나에겐 아름다운 추억의 하나이기도 하지만 이른 아침 지중해를 거닐다가 금시에 눈앞에서 짜주는 그 향기 높은 포도주를 마시던 그 싱싱한 인상은 잊혀지지 않는다.

8

나는 동양 사람이요, 한국 사람이다. 내가 아무리 비약하고 변모하더라도 내 이상의 것을 할 수가 없다. 내 그림은 동양 사람의 그림이요, 철두철미 한국 사람의 그림일 수밖에 없다.

세계적이려면 가장 민족적이어야 하지 않을까? 예술이란 강렬한 민족의 노래인 것 같다.

나는 우리나라를 떠나 봄으로써 더 많은 우리나라를 알았고, 그것을 표현했으며 또 생각했다.

파리라는 국제경기장에 나서니, 우리 하늘이 더욱 역력히 보였고, 우리의 노래가 강력히 들려왔다. 우리들은 우리의 것을 들고 나갈 수밖에 없었다. 우리 것이 아닌 그것은 틀림없이 모방 아니면 복사複寫에 지나지 않을 것이다.

9

내가 생각하기엔 서구 사람들은 두뇌가 입체적이요, 동양 사람들은 두뇌가 평면적이 아닌가 싶다. 이 입체와 평면의 비교는 어디서 오는 것일까? 나는 이것을 간단히 생각한다. 고기를 많이 먹고 안 먹고 하는 차이의 현상이 아닐까?

저 사람들의 주식은 고기요, 우리들의 주식은 소채가 아닌가?

저 동물들을 보라. 육식의 동물을 보고, 초식의 동물을 보라. 피를 먹는 동물은 영리하고 투지가 강하며, 초식하는 동물은 그렇지가 못하다. 평화 애호자라고나 할까.

우리들의 사고는 정력적인 데서 나오며, '일'이란 어디까지나 정력적인 것이다. 무기력에서는 아무것도 바랄 수가 없다. 정력적으로 우리가 끈기 있게 일을 하고, 또 생각하기 위해서는 우리들의 주식물이 고기여야 한다. 그러기 때문에 국가와 민족

은, 우리 인민은 좋은 정치를 바라는 것이다.

10

어제는 뜻밖에도 마담 루니아의 편지가 날아왔다. 화랑을 걷어치우고 우루과이의 몬테비데오로 떠난다는 것이다. 이제 파리를 떠나는 자기의 생활은 무척 고독해질 거라 했다. 우리가 떠날 때, 루니아는 우리를 포옹해 주었고 눈물을 쏟았다.

마담 루니아는 금년 들어 칠순이 아닌가 한다. 옛날 그의 청춘 시절에는 모딜리아니의 열렬한 애인이었다. 열일곱에 파리에 나와서, 파리에서 늙은 폴란드 부인이다. 조국을 가졌으되 조국이 없는 그런 루니아였다.

마담 루니아는 세느 가街에서 조그만 화랑을 경영했고, 전쟁에 남편을 여읜 후 홀로 조용한 아파트에서 살고 있었다. 우연한 기회에 우리는 루니아를 알게 되었고, 루니아의 화랑에서 나는 두 번이나 개인전을 했으며, 수시로 내 그림을 진열해 주기도 했다. 마담 루니아는 우리를 아들딸처럼 사랑해 주었고, 우리도 어머님처럼 여겨 왔었다.

루니아는 항상 명랑한 분이었다. 소녀가 그대로 나이 먹은 것 같은 그런 루니아였다. 한번은 같이서 남불南佛을 여행했을 때 길을 가며 춤을 추고 노래를 불렀었다. 루니아의 춤은 소녀

처럼 아름다웠다. 우리를 끌고 뒷골목을 안내하며 토속요리土俗料理를 잘도 찾아냈었다.

루니아는 크리스마스 카드를 모딜리아니가 그린 자기 초상화의 그림엽서로 썼다. 모딜리아니의 초상화에 루니아의 얼굴이 많이 있지마는, 〈부채 든 여인〉 〈루니아의 상〉 등은 특히 모딜리아니의 걸작 중에 드는 작품들이다.

루니아의 침실에는 레제가 두 폭 걸려 있다. 레제와는 막역한 사이였다. 레제가 작고한 후, 남불에 레제의 미술관이 세워졌다. 마담 레제의 초청으로 루니아는 레제미술관에 가서, 마담 레제와 같이 일을 하게 되었으나, 두 달이 채 못 돼서 파리로 돌아왔었다. 고독해서 시골에서는 못 살겠다는 것이었다. 그러던 루니아가 이제 파리를 떠나서 몬테비데오로 떠난다는 소식이다. 찾아보니 몬테비데오는 남미南美 우루과이 항구이다. 나는 몬테비데오를 모르거니와, 필시 더운 지방이 아닌가 싶다. 그렇다면 노래老來에 이주가 가능할 것일까? 걱정이 된다. 참 언젠가 이러한 지방에 동생 한 분이 있다는 얘기를 들었던 기억이 있으나, 아무래도 파리를 떠나는 루니아가 서럽게만 생각된다.

조국이 있으되 조국이 없는 루니아, 우리에게 눈물을 쏟은 루니아가 무한히 그리워진다.

1961. 9

고향의 봄

내 고향은 전남 기좌도箕佐島. 고향 우리 집 문간에서 나서면 바다 건너 동쪽으로 목포 유달산이 보인다. 목포항에서 백마력 똑딱선을 타고 호수 같은 바다를 건너서 두 시간이면 닿는 섬이다.

그저 꿈 같은 섬이요, 꿈속 같은 내 고향이다.

겨울이면 소리 없이 함박눈이 쌓이고 여름이면 한 번씩 계절풍이 지나는 그런 섬인데 장광長廣이 비슷해서 끝에서 끝까지 하룻길이다.

친구들이 "자네 고향 섬이 얼만큼 크냐?"고 물으면 "우리 섬에선 축구 놀음은 못한다."고 대답한다. 공을 차면 바다로 떨어질 것 같기 때문이다. 그래도 섬에는 수천 석씩 나는 평야도 굽이굽이 깔려 있고, 첩첩 산도 겹겹이 둘려 있어 열두 골 합쳐 쏟아지는 폭포도 있다.

순하디순한 마을 안산案山에는 아름드리 청송이 숨막히도록 총총히 들어차 있고 옛날엔 산삼山蔘도 났다지만 지금은 더덕이요 복령茯苓, 가을이면 송이버섯이 무더기로 난다.

낙락장송이 울창하게 들어찬 산을 바라보며, 또 그 산 속에

서 자란 나에게는 고향 생각이란 곧 안산 생각뿐…….

이 봄에도 섬 아가씨들은 양지바른 산기슭을 찾아 검밤불이랑 냉이랑 캐겠지…….

1962. 3

순대튀김

감자는 미리 껍질을 벗겨서 삶는다. 삶은 감자를 부엌에서 쓰는 조그만 쇠 절구로 짓이긴다. 여기에 버터와 우유를 듬뿍 쳐서 약 5분 동안 짓이기면 무른 찰떡같이 된다. 이것을 넓은 양접시 한 편에 떠 놓고 그다음엔 순대를(순대는 될 수 있는 대로 피만 넣어 만든 것이 좋다) 한 뼘 정도를 잘라서 버터 냄비에 튀긴다. 한 사람분 두 개면 족하다. 튀긴 순대를 버터와 우유로 범벅한 감자 접시에 곁들여 놓고 소금으로 간을 맞추며 먹는다.

이 요리는 점잖은 손님에게는 낼 수 없는 요리다. 허물없는 친구나 가족끼리 먹을 수 있는 것인데 내게는 입맛이 없을 때나 혹은 심심해서 장난삼아 만들어 먹는 요리 가운데 하나다.

이 한 가지로 식사가 되는데 여기엔 강한 술보다 컬컬한 우리 약주가 잘 맞는다. 내가 자랑하는 유일의 노르망디식 요리이다.

1962.3

가을의 소리

부산에선 우렁쉥이가 거리에 나오기 시작하자 그만 봄이 오는 것을 보았다. 꼭 서울에서 개나리가 피자 봄이 오듯이 파리에 가 보니 가을이 오자 금시에 겨울인데 카페 앞에 굴이 나오기 시작하면서 가을인 것이다.

파리 시민들은 가을이 되면 굴을 먹기 시작한다. 가을이 되면 카페 앞에나 레스토랑 앞엔 나무통에다 굴을 쌓아 놓고 낱개로 팔고 있다.

굴은 회로 먹는 것이 원칙으로 되어 있다. 눈앞에 보는 데서 껍질을 까서 껍질 그대로 접시에 가져온다. 바닷물이 흠뻑 괸 껍질에서 그 보드라운 알을 건져 먹는 맛이란 또 그 껍질을 들고 바닷물을 마시는 상쾌감이란 이루 말할 수가 없다. 여기엔 꼭 청포도주가 따라야 한다. 굴 식사에는 겉보다 까만 빵이 제격으로 되어 있다.

테라스의 식탁에 앉아 거리 풍경을 바라보며 향기 그윽한 술에 식사를 하고 있으면 이방異邦은 즐거운 것, 결코 고독하지 않다.

포도는 역시 불란서[프랑스]다. 손에 쩍쩍 들러붙는다. 노르

께한 백포도, 투명한 청포도, 서리 앉은 흑포도……. 포도 중에 최상급은 뮤스카란 포도다. 안성 포도 한 광주리가 생겼기에 백항아리에 담아 놓고 마음이 급해서 소주를 부어두고 날이 가기를 기다리며 파리의 포도를 생각해 본다. 영화 〈캉캉〉의 어느 대목에 두 남녀가 침상에 누워 포도를 먹고 있다. 그 포도가 바로 올리비에트다.

가을에서 겨울에 쏟아져 나오는 이 올리비에트 백포도는 비둘기알만큼이나 굵어서 정말 먹기가 아까울 정도로 탐스럽다. 안개 낀 깊은 가을밤, 가르티에 라탕Quartier Latin[대학가]에 나가면 군밤 장수도 있고 가스등 아래에는 알제리아 포도장수도 있었다. 군밤은 사서 호주머니에 넣고 포도는 사서 손에 든 채 뜯어 먹으며 세느강 건너 생 루이 섬을 돌아오고 있으면 노틀담의 종이 울기도 했다.

1962. 9

피카소와 돋보기

나는 요즘 신문을 통 안 본다. 그래서 세상 소식을 통 모른다. 신문뿐이 아니라 책도 읽지 않는다.

늦게 자고 늦게 일어나던 습성이 차차 없어지고 일찍 자고 일찍 일어나게 되었다. 낮엔 일을 하고 초저녁부터 곯아떨어지곤 한다. 이젠 늙어가나 보다 하는 생각이 자주 든다.

신문도 읽지 않고 책도 읽지 않는 것은 읽고 싶어도 못 읽기 때문이다. 나도 모르게 이젠 잔글씨가 보이지 않는다.

안과에 가서 검안은 해보았으나 안경집에 가서 돋보기를 맞추기가 영 싫다. 내 친구들은 거의가 돋보기를 사용하고 있다. 문서들을 볼 때, 다방에서 신문을 샀을 때, 으레 휴대품이 되어 있는 돋보기를 꺼내 종이쪽지를 들여다보고 있는 꼴을 보면 '어허, 자네도 늙었군' 하는 생각에 홀로 서글퍼지기도 한다.

지금 내가 돋보기를 사용하지 않는 것은 하나의 억지밖에 안 된다. 어언간 나도 돋보기를 써야 하겠지만 그 초롱초롱하던 시절을 다 놓치고 이제부터 뿌연 시력으로 그림을 그리자니 별의별 생각이 아니 날 수가 없다.

얼마 전에 어느 외국 잡지를 들여다보니 거기 피카소 옹의

안경 쓴 얼굴이 나 있었다. 90객 피카소 옹의 안경 쓴 얼굴을 처음 보았다.

피카소의 눈. 만물을 뇌소 해버릴 듯한 그 무서운 눈도 하는 수 없이 돋보기의 신세를 진다. 피카소는 90객이니 돋보기를 쓸 만도 하지만 나는 아직 창창한 50고개에서 돋보기를 쓰고 신문 쪽지를 들여다보고 싶지는 않다. 세계 뉴스는 라디오로 듣고, 되도록 그림을 더 그리고 싶다.

90을 살 자신은 없으나 앞으로 10년은 일을 할 수 있을 것이다. 과연 얼마만 한 일을 할 수 있을지 그건 나도 모른다. 거의 한 세기를 일한 피카소의 일과 겨눌 수 있을 건지.

어쨌든 피카소는 내 강적이었다. 피카소의 존재가 나를 고무시켰고 내 일에 박차를 가해 줬고, 오늘 의연히 그와 대립하여 의욕을 품게 되는 것은 그가 이끄는 힘이라고 할 수밖에 없다.

금년도 베니스 비엔날레전 국제상國際賞에는 회화에 나보다 두 살 위인 마네시에에게 수상됐다고 한다. 빛깔 없이 흑백만으로 옮겨진 마네시에의 〈부활〉을 들여다보니 몇 해 전보다 포름은 달라졌으나 카톨릭 신자인 그의 강렬한 그리스도에 대한 정열이 느껴진다. 몇 해 전 파리서 우연히 그와 한 동리 아뜰리에에서 살았을 때 그의 아뜰리에를 방문한 일이 있었고, 그가 내 그림 앞에서 우리는 그림하고 싸워야 한다고 열을 올리던 것이

엊그제 같은데 어언 다섯 해가 되어 간다.

작년 봄 편지엔가 발레의 장치와 코스튬Costûme[의상]을 맡아서 1년이 꼭 차 있다더니 그새 제작도 쉬지 않았던 모양이다. 남들은 제작에만 몰두하고 있는데 나는 허송세월이 태반이다.

기진맥진하도록 붓을 잡아 보는 시간을 갖고 싶다. 그래야 되든 안 되든 판가름이 날 것이 아닌가. 나는 요새 내 일보다 남의 일을 더 많이 하고 사는 것 같다. 남의 일도 보람 있는 일이 아니고 오히려 그와 반대의 일이고 보니 짜증만 난다.

참 엊그제는 난데없이 브라질의 젊은 건축가 한 사람이 찾아왔었다. 이 브라질의 젊은 건축가는 알 커피 한 자루를 선물로 메고 오지 않았는가. 나는 이렇게 흐뭇한 선물을 받아 본 적이 없다. 장 속에서 물랭(커피 가는 믹서)을 찾아 내서 먼지를 털고 알 커피를 그득히 부었다. 식탁 위엔 커피 도구가 총출동되어 흡사 커피 잔치가 시작되었다.

지금 나는 그 커피를 마시며 글을 쓴다. 브라질 친구는 이 밤에 부산에서 떠나는 하카다행 선실에 있으리라. 내 데생 두 장을 가지고 좋아라 떠나며, 우리, 상파울루에서 만나자고 했지만……

상파울루에는 건축의 일이 많고 화가들이 일도 많고 현대미술관이니 비엔날레니, 국가가 예술가에게 최고의 대우를 하느니 등등 그가 지껄이고 간 이야기들이 지금 귀에 쟁쟁하다.

우리의 현대 미술관은 언제 이루어질 것인가.

이국에 살면 고국이 아쉽고 고국에 돌아오면 이방이 그립다더니 모처럼 책상 앞에 앉은 이 밤에 불현듯 생 루이 섬에의 향수가 간절하다. 누구도 살았고, 그 누구도 살았고 또 유명한 누구누구도 살았던 이 섬에는, 오늘은 화가로 유명한 아무개가 아름드리 보리수가 새까맣도록 우거진 강가에 살고 있는 바로 그 곁에 스무나문살 먹은 세계의 연인 그 뭐라는 여배우가 살고 있는 릴르 생 루이L'île St. Louis, 생 루이 섬에 우연히 나도 한 이태 산 적이 있었다.

육지에서 강 건너 바라보이는 생 루이 섬은 '참으로 중국의 산수화, 태서명화泰西名畵의 무릉도 또한 뭐냐' 소리칠 수 있도록 사람이 살고 있는 마을이 이처럼 아름다운가. 내 눈으로 보고 있으되 꼭 거짓말만 같은 그러한 섬이었다.

9월이면 으스스해지는 파리에서 슈미네에 호두나무 통장작을 태우며 튀기는 불똥을 보고 있으면 서울에 떠돌아다니고 있을 친구들이 미칠 듯이 보고 싶어지곤 했다.

1시고 2시고 3시고 간에 우장외투를 두르고 거리에 나가 꼬냑 서너 잔 하고 강을 따라 걸어나가면 섬에서 바라보이는 강 건너 육지의 파리는 꽃수레같이 살아서 꿈틀거리고 있지 않은가. 이맘때가 되면 장 자크 루소가 살던 거리 강둑에 앉아 고로와즈를 연이어 피우던 생각이 난다.

이처럼 이방異邦에 향수鄕愁가 가는 것은 낭만이나 감상이 아니라 그 시절 마치 경기장에 나간 마라톤 선수처럼 긴장하며 달리던 제작 생활이 아쉬워져서일 게다.

1962. 11

상파울루전展의 인상

내가 상파울루에 도착한 것은 지난 6일이었다.

여기 계절은 지금이 우리나라의 3월 정도라 하지만 내가 느끼기엔 5월 정도가 아닌가 한다. 지금 나는 반소매를 입은 채 남창南窓을 열어 놓고 이 글을 쓰고 있으니까. 지금 여기는 겨울이 가고 봄이 왔다. 여기도 낙엽지는 나무가 있어 이제 잎이 푸르러지고 이페라는 나무가 보랏빛 아름다운 꽃을 피운다. 12월부터 삼복에 들어간다니 믿어지지가 않는다.

그제 일요일, 비를 맞으며 택시로 비엔날레를 보러 갔다. 피로해서 대강 분위기만 보아 두려고 휘휘 돌아나왔다. 전체 인상이 단연 미국 작가, 아돌프 고틀리브가 수석 상에 해당될 것이 확실했다. 알아보니 벌써 대상大賞이 고틀리브에게로 결정되었었다. 우리(韓國) 방은 괜찮았다. 그리고 내 그림도 나쁘지 않았고.

어제 오후엔 디나 고에로(사무국장)에게 전화를 걸고 찾아갔다. 그의 사무실은 미술관 내에 있어 미술관은 월·목요일에 휴관, 개관은 매일 오후 2시 반. 아주 반가워해 주었다. 기다렸는데 늦게 와서 참 유감이었다고 몇 번이고 되풀이한다.

21개국의 미술평론가로 구성된 심사위원회로써 상이 결정되었다고 한다. 내 작품도 우수했다는데 통역이 적절한 표현을 못 해주니 답답하다.

디나 씨로부터 각국 작가의 카탈로그 20여 종 두 벌과 축소된 포스터를 얻었다. 비엔날레 목록은 아직 안 되고 오늘 되어서 처음 나온다고 한다. 10권을 부탁해 두었다.

오늘 비엔날레에 가서 상패와 카탈로그를 받아 왔다. 그리고 내게 온 초대장 수 벌까지도. 날짜가 지나 버린 초대장을 주면서 디나 씨는 참 안되었다고 말했다. 당신에게 왔던 것이니 수브니르[기념]로 가지고 가라고.

저번 얘기가 회장이 나오시면 당신께 직접 상패를 주실 거라기에 무슨 소린가 했더니 오늘 카탈로그를 받으러 가니까 회장이 기다리고 있었다. 노신사인데 사무국장으로부터 정중한 소개가 있자 조그마한 빨간 상자를 주면서 축하한다고 말했다. 그 앞에서 펴보니 엽서 절반만 한 은패였고 그 뒷전에 내 이름이 새겨져 있는데 MENÇÃO HONROSA라는 패문이었다. 경의를 표하는 뜻이라나.

이 사람들은 이 하찮은 것이 굉장한 상이나 되는 것처럼 생각하는 그런 태도였다. 어쨌든 내 이번 여행은 원님 지난 뒤 나팔 분격이겠지…….

이번 대상을 받은 아돌프 고틀리브는 참 좋겠다. 미국에서

회화는 이 한 사람만 출전시켰다. 작은 게 백 호 정도고 전부가 대작인데 호수도 따질 수가 없었다. 모두 벽만큼씩 해서. 이런 대작품들을 46점이나 꽉 걸었으니 그 장관이야말로 상상하고도 남음이 있을 것이다. 양量뿐 아니라 내용도 좋았다. 내 감각과 동감되는 게 있었다. 퍽 애정이 가는 작가였다.

불란서[프랑스]는 별로 안 좋았다. 피논이 26점, 상제가 28점, 술라주가 27점, 그리고 특별진열로 아트랑이 20점 이렇게 되는데 별 진전이 없었다. 기운이 없는 것 같았다.

어쨌든 남들은 이렇게 일을 지속하는데…… 빨리 자리 잡고 붓을 들어야겠다고 생각된다.

어제 전체를 둘러보고 내 그림 앞에 가서 나는 많은 것을 생각했다. 내 예술도 의미가 있다는 자신을 얻었다. 아름다운 세계다. 단지 나는 시골(한국)에 살았다는 것밖에 없다.

1963. 10

항아리

한때는 항아리 속에서 산 적이 있다. 온통 집안 구석구석에 항아리가 안 놓여진 구석이 없었으니 우리집을 일러 항아리 집이라 부른 사람도 있었던 것 같다. 하나둘 사들인 것이 대청 화실 그리고 마당까지 번져가게 되니 아무리 항아리 광狂이 된 사람이지만 좁은 집에 골치가 아닐 수 없어 이젠 다시 사들이지 않아야겠다고 몇 번이고 결심했던 것을 지금도 기억하고 있다.

그러나 시중에 나가면 자연히 골동품 가게로 발길이 향해졌다. 들르면 으레 한두 개 점을 찍고 나오게 됐으니 흡사 내 항아리 취미는 아편중독에 지지 않았다. 그래서 다락, 광, 시렁 위에까지 이 많은 항아리들을 포개어 쌓아놓게 되었으니 이제 생각해도 내 청춘기는 항아리 열熱에 바쳤던 것만 같다.

봄, 여름, 가을은 다 좋지만 겨울이 오면 나에게 색다른 고민이 생겨나곤 했다. 그것은 항아리를 마당에 내놓지 못하는 까닭이었다. 하늘 아래서 항아리를 바라보지 못하는 이유도 있지만 밖에 두면 얼어 터지기 때문에 역시 어디고 집 안에 간수해야 할 문제가 생긴다. 집은 좁고 다쳐서는 안 될 물건들이니 조금만 소홀해도 금이 가고 깨질 게 아닌가.

그러던 항아리들, 부산 피난살이 3년 만에 내 집 뜰에 들어서니 우거진 난초 속이 온통 항아리의 파편 천지였다. 사금파리 무더기에 서서 나는 이상한 충격을 받았다. 무엇인지 통쾌한 그런 심정이었다. 그 후 나는 다시 항아리에 손대지 않았다. 한두 개 요행히 남아 굴러다니는 것을 주워 적당히 두고 보는 데 안심하고 있다.

어려운 살림으로 항아리를 모아 봤고 뜻밖에 내 힘으로는 막아낼 수 없는 재난으로 해서 한꺼번에 없어지고 말았으니 과거의 내 장난이 결코 후회되지 않는다.

나는 항아리 값을 깎아서 사본 적이 없다. 장사꾼이 부르는 값이란 내가 좋아하는 그 항아리 값보다 훨씬 싸기만 했다. 부르는 대로 사고 난 내 심경은 항상 횡재한 생각뿐이었다. 사람들은 왜 이렇게 좋은 것을 사지 않나도 싶어 민족에 대한 원한 같은 마음으로 마구 사들였는지도 모른다.

나는 아직 우리 항아리의 결점을 보지 못했다. 둥글다 해서 다 같지가 않다. 모두가 흰 빛깔이다. 그 흰 빛깔이 모두가 다르다. 단순한 원형이, 단순한 순백이, 그렇게 복잡하고, 그렇게 미묘하고, 그렇게 불가사의한 미를 발산할 수가 없다. 고요하기만 한 우리 항아리엔 움직임이 있고 속력이 있다. 싸늘한 사기지만 그 살결에는 따사로운 온도가 있다. 실로 조형미의 극치가 아닐 수 없다. 과장이 아니라 나로선 미에 대한 개안開眼은 우리 항아

리에서 비롯했다고 생각한다.

둥근 항아리, 품에 넘치는 희고 둥근 항아리는 아직도 조형의 전위에 서 있지 않을까.

1963. 4

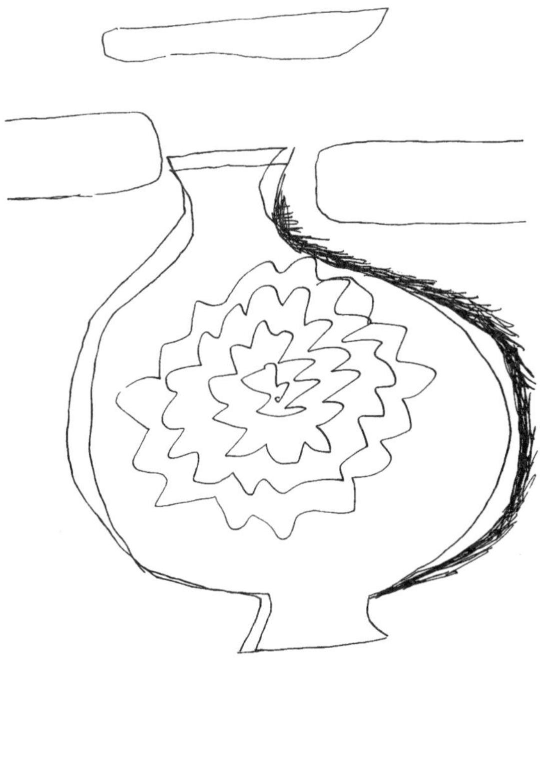

무제 I

1

내 선전이 아니고 나는 부산에 오기 전까지 몇 개의 항아리와 수년 같이 살아왔습니다. 그것은 물론 조선백자 항아리입니다. 10년을 두고 봐도 싫증이 나지 않고 더욱더 반해 가기만 했습니다. 이 항아리들은 그저 평범한 둥근 항아립니다. 빛깔에 있어서도 그저 평범한 빛깔 백색입니다. 이 평범한 빛깔, 평범한 형태가, 그것도 금이 가고 주둥이가 떨어진 이 항아리들이 왜 그리 사람을 반하게 합니까. 뿐만 아니라 여러분들도 그런 항아리와 생활을 같이하신다면 응당 반하지 않고는 못 배기실 줄 압니다.

그런데 우리가 반하지 않고는 못 배기는 대상의 매력을 구체적으로 따져 보면, 항아리의 매력은 역시 한마디로 말해서 아름다워서일 것입니다. 그러면 이 항아리의 아름다움, 항아리들의 미는 왜 아름다운 것인가, 어디가 어때서 아름다운 것인가, 또 이 아름다움은 어디서 오는 건가…… 이것을 밝혀야겠는데 적어도 이것은 우리 민족의 고유한 미의 특질 문제이기

때문에 아무것도 모르는 나로서는 해명하기가 대단히 어려운 문제입니다마는 이씨 조선의 역사적 고찰 내지는 그 시대의 생활환경 등을 떠나서 그 물건만을 보는 직관을 통해 말씀드릴까 합니다.

2

아까 평범한 형태, 평범한 빛깔이라고 했습니다. 이 '평범'이라는 것이 조선 자기에 있어 대단히 중요한 문제가 아닌가 싶습니다. 조선 항아리는 철두철미 평범합니다. 평범한 우리 생활기生活器입니다. 술 항아리·김치 항아리·젓 항아리·약 항아리·곡식 또 무엇무엇 항아리, 어쨌든 우리들의 생활에 따르는 평범한 항아리들입니다. 만일 조선 자기에 조선 항아리에 있어 이 '평범'이 없었다면 오늘과 같이 조선 자기는 미의 왕좌에 앉지 못했을 것입니다.

평범이란 말과 감각은 자연스럽다는 말과도 통할 것입니다. 지극히 평범한 것은 지극히 자연스러운 것입니다. 자연스러운 것이 아니라 자연한 것, 자연한 물건, 조선 항아리는 사람의 손으로 만들어진 것이 아니라 닭이 알을 낳듯이 자연에서 출산한 것입니다. 거기엔 아무런 기교와 재조才操와 계획이 보이지 않습니다. 자연한 형태, 자연한 빛깔은 도공의 무심無心에서 이

루어졌던 것입니다. 녹로와 더불어 자연과 합치되었던 것입니다. 무심의 경지에 가지 않고는 자연과 합치할 수 없으리라고 생각합니다. 그들은 위대한 미술품을 만들려는 생각이 없었습니다. 그저 그릇을 만들고 항아리를 만들면 그만이었습니다. 백토白土와 녹로는 그들의 생리의 일부처럼 되어 버렸습니다. 그래서 그들은 가장 평범하고 가장 아름다운 그릇을 만들었습니다.

3

우리 민족은 과거에도 자기를 애완하지 않았습니다. 생활이 그랬습니다. 문방구 등의 특수한 물건을 제외하고는 우리의 용기用器는 거의가 부엌살림에 따르는 실용기였습니다. 애완, 음미하는 것이 아니고 언제나 실생활에 쓰는 일종의 소모품이었습니다. 그렇기에 어찌 생각하면 그렇게 좋은 자기들이 나오지 않았나 생각합니다. 왜 그러냐 하면 미의식美意識이란 천의무봉天衣無縫할 수 없는 것입니다. 조그만 지식과 개성은 외려 망치는 것입니다. 그들은 어떠한 운치나 풍류성을 노렸던 것이 아닙니다. 오직 자연에 맡겼던 것입니다. 자기 자신이 자연의 일부분이 되어 버렸다고나 할까요. 그래서 이루어진 자기는 진실로 소박하고 단순하고 건전하고 원만하고 우아하고 따뜻하고 동적인가 하면 정적이고 깊고 또한 어딘지 서러운 정이 도는, 어떻

게 말로 표현할 수가 없는 아름다운 자기가 되었습니다.

조선의 우리 자기의 대표는 역시 백자 항아리가 아닌가 합니다. 가장 단순한 빛깔이란 백색이었는데 우리 조선 자기에 나타난 이 단순한 백색은 모든 복잡을 함축해 그렇게 미묘할 수가 없습니다. 말과 글자로 표현한다면 회백灰白, 청백青白, 순백純白, 난백卵白, 유백乳白 등으로 말할 수 있는데 이것 가지고는 도저히 들어맞지가 않습니다.

목화木花처럼 따사로운 백자, 두부살같이 보드라운 백자, 하늘처럼 싸늘한 백자, 쑥떡 같은 구수한 백자, 여하튼 흰 빛깔에 대한 민감은 우리 민족의 고유한 특질인 동시에 또한 전통이 아닌가 합니다. (未完)

무제Ⅱ

나는 글을 쓰는 사람이 아니다. 문필로 업業을 삼는 사람이 아니다. 그렇기에 글을 써오지 않았고 앞으로도 그러할 것으로 생각된다.

헌데 글을 쓰는 예술을 업으로 한 친구들이 생기고 또 생기고 해서 거개가 그 친구들은 신문사나 잡지사에 있는 관계로 아무거나 자기 신문에 자기 잡지에 하나 써 달라는 부탁을 받기 시작했다. 말하자면 원고청탁을 받기 시작했다. 그러나 나는 이 우호적인 청탁을 그대로 받아들일 수가 없었다. 지금도 그렇게 생각하지만 그때에도 한 개인이 글을 써서 그것이 잡지가 되고 신문이 되고 그래서 수많은 사람들이 읽고, 또 읽는 데에만 그치지 않고 도서관이나 개인의 서고에 보장된다는 것, 다시 말하면 영원에 가깝도록 세상에 남는다는 것이 대단히 무서운 일로 생각되었기 때문이었다. 그래서 글을 쓰려면 상당히 공부하고 생각도 하고 또 연습도 해서 자기로서 최대한의 자신과 각오가 선 후에 덤벼 볼 거라고 생각했고 지금도 그렇게 생각한다.

나는 그때만 해도 서울은 객지요, 그저 벼르다가 약간 돈이

생기면(시하侍下에서 불로不勞의 취득取得이지만) 1년 만에 한 번 쯤 상경해 보는 서울이었다. 서울에 오면 본정보다 종로에 거점을 두고 진탕 놀아먹는 것이었다. 이렇게 말하면 아주 대단한 것 같이 들리나 실은 그저 4, 5명 어울려서 뒷골목 선술집이나 기껏해야 50전 팁을 주면 되는 소위 카페였다.

이렇게 놀아먹고 고향에 돌아가면 거긴 망망한 바다 위에 콩알 같은 섬, 바로 그것이 내 자랑하는 고향이었다. 거기 20칸 초당을 짓고 날이 새면 그림을 그리는 것으로 살아왔다. 뚝 수도 생활이었다. 이러한 내 생활에 서울로부터 날아오는 편지 그것이 애인의 편지가 아니었을지라도 그 반가움이 어찌 흔한 것이었으랴.

그러한 편지 속에 가다가 간곡한 원고청탁이 있고 순전히 원고청탁에 그치는 사무적인 봉함도 있었다. 이러한 봉함에는 적이 섭섭도 했으나, 친구의 필적을 보는 것 만도 반가웠다.

헌데 어느 친구 어느 잡지 어느 신문에 내 원고를 보냈던가 그것은 기억할 수 없으나 흡사 바람도 비도 없는 호수와 같아서 그저 잔잔하기만 했던 섬 생활의 고적에서 또한 그와 똑같이 친구들의 정에 쏠리어서 직접은 받아들이지 못했던 서신에 의한 원고청탁에는 응했을 거라고 나는 그때 일을 이렇게 생각한다. 8·15해방은 서울로 가솔家率하여 몇 해 살다 맞이하게 되었는데 8·15해방까지 나는 대체 무슨 소리를 어떻게 썼으며

또 얼마나 썼는지 알 수가 없으나 만일 지금 그러한 것들을 얻어 읽어 볼 수가 있다면 그것은 반드시 소년 시절에 초련初戀에 보내는 연문과 비슷하지 않았을까. 이렇게 생각만 해보아도 얼굴이 후끈해짐을 느낀다.

그러니 이런 걸 가지고 내 글 쓴 얘기를 시작한다는 것부터도 심히 부끄러운 일이나 두어 달도 되기 전에 내가 꼭 써야 할 의무와 내가 씀으로 해서 내가 그이에게 가지고 있는 '미안'이 풀린다면 풀리고, 그보다도 쓴다는 것이 말보다도 무엇인가 의미가 있는 것 같아서 지금 내가 써야 할 그것을 쓰자 한 것이, 참 이렇게 말하면 대단한 제스처 같으나 그만 붓이 딴 데로 가버린 것을 독자에게 사과한다.(未完)

새해

불란서[프랑스] 여성들은 상냥하고 부지런하다. 남성들은 모두가 가정 중심의 생활을 한다. 그러기에 이들은 크리스마스나 신년을 가족끼리 둥글게 둘러앉아 맞는다. 어느 가정을 가보아도 말끔히 치워진 환경에서 웃음이 서린 얼굴에 감정 담긴 표정으로 크리스마스를 보내고 신년을 맞는다. 크리스마스를 전후해서 시작된 연말 휴가가 대개 이듬해 정월 열흘께까지 이어지는 것이 보통이라, 좀 넉넉한 층들은 산으로 스키를 타러 가기도 한다. 한편 파리에 남아 있는 이들은 되도록 잘 먹고 즐겁게 논다. 많은 자동차들이 여행을 떠나 비교적 조용해진 거리의 카페, 카바레들이 제야의 밤을 위한 레베이용(송년회의 만찬)이 개최되리라는 광고를 한다. 이 밤이면 온 가족이 카페와 카바레로 몰려가 손에 손을 맞잡고 춤추며 뛰논다. 모르는 사람끼리도 얼마든지 즐겁게 어울릴 수 있는 것이 파리장들이다.

무엇보다도 잘 먹기를 좋아하는 그들은 틈틈이 먹고 마셔서 다부지고 싱싱하다. 이 다부지고 싱싱한 체력으로 자유로이 즐긴다. 또 파리의 이웃들은 서로가 관용스럽다. 아무리 몸부

림치도록 요란히 놀아도 이웃들은 전혀 관여하지 않고 기분에 따라서는 함께 어울려 버리기도 한다.

선달그믐날 밤이면 레베이용(송년회의 만찬)을 하는 카페, 카바레의 주최자는 자정에 울리는 제야의 종소리를 온 방 안의 군중들에게 소리높이 알린다.

이와 함께 "포옹해라"를 외치며 불이 꺼지고 춤추던 모두가 일제히 포옹을 한다. 이렇게 하여 홀 안의 모두는 한 덩어리가 되어 둥글게 원무를 하며 마음껏 즐긴다. 하지만 그들은 아무리 광란하듯 춤을 춰도 하다못해 유리 글라스 하나 깨뜨리는 법이 없다. 초저녁부터 내리 독한 술을 마셔대는 그들이건만 좀처럼 흐트러지는 법이 없다. '멋' 안에 철저한 질서가 배어들어 있는 것이 파리장이라고 할까. 물건은 끔찍이 알뜰하게 쓰고, 생활은 되도록 즐겁게, 그리고 자유로이 사는 파리장. 그들은 신년도 항상 그들답게 맞는다.

화문 2제畵文 二題

1. 불상의 파편

내 문갑文匣 위에는 아기주먹만한 불상佛像 얼굴이 놓여있다.

아깝게도 목이 떨어졌고 양 귀가 떨어졌고, 그것은 할 수 없다 치더라도 눈 위 눈썹에서 이마가 완전히 떨어져 나간 두리둥실한 돌덩어리와도 같은 그러한 불상의 얼굴이다.

이 처참하게 된 불상이 어찌하여 이렇게도 아름다울까. 3년을 한자리에 두고 늘 바라보고 있으나 처참한 이 반 조각의 얼굴에 떠돌고 있는 불가사의한 미소는 아직도 알 수 없다.

지금도 신라 천년新羅千年의 웃음을 바라보며 이 글을 쓰고 있다.

언젠가는 이 얼굴에 대해서 '평화의 미'를 써야 할 책임감을 느끼고 있지만 이 예술의 조그만 파편이 이토록 사람에게 감동을 주는 것은 무엇인가.

2. 우리 동네

우리 집은 울타리도 없고 대문도 없다. 그래서 그런지 길이 있는데도 우리 집 마당을 지나가는 사람들이 많다. 동네 아이들도 무상출입이요, 동네 개들까지 제멋대로 우리 집 뜰 안에 와서 돌기가 일쑤다.

나는 이러한 것들을 별로 귀찮게 생각지 않기 때문에 울타리도 대문도 세우지 않고 살지만 한 가지 딱 질색인 것은 뜰에서 놀고 있는 비둘기를 쫓아 버리는 일이다.

우리 집엔 네 쌍의 흰 비둘기가 있다. 이제 또 한 놈이 알을 품고 있으니 불원해서 열 마리의 흰 비둘기가 꽃그늘에서, 잔디밭에서, 구구구 놀게 될 것이 아닌가.

그런데 사람들은, 아기들은 물론, 어른까지도 가까이 놀고 있는 비둘기만 보면 쫓아 버리기가 일쑤요, 심하면 돌멩이를 주워 때리기가 일쑤다.

우리 비둘기는 산동네에서 우리와 같이 살았다. 우리 가족들에게는 누구에게나 머리 위에, 어깨 위에 마구 앉아 놀았었고 모이도 손바닥에서 주워 먹고 했었다.

아침 창문을 열면 방에까지 들어와 놀고 하던 그런 비둘기가 차츰 사람을 무서워하며 가까이 오기를 피한다.

우리 가족들은 대문을 세우고 담장을 쌓자고 한다.

그러나 비둘기는 날개가 있어 우리집 마당에서만 노는 게 아니고 강 건너 밤섬에까지 가서 놀다가 훨훨 날아온다.

비둘기를 위하여 담장을 쌓고 대문을 세울 것을 파의하고 우리들은 더 열심히 모이를 주기로 했다. 사람을 따르게 하기 위해서는 우리 가족들만이라도 그러는 수밖에 없기 때문이다.

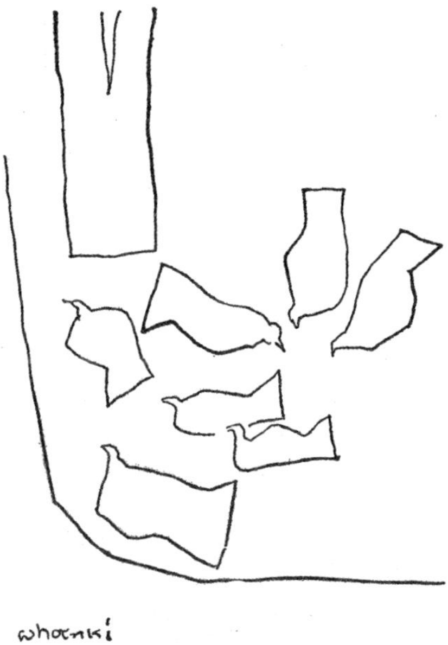

둥근 달과 항아리

달처럼 둥근 항아리를 모으다가 그것들이 수년 전에 다 없어지고 말았다. 이제 다시 모을 정력도 경제력도 없지만 심심할 때면 무심코 빼어 든 도록圖錄 속에는 체념해 버렸던 무수한 항아리들이 생생하게 떠올라 똑 고향이 그립듯이 그런 생각에 젖는다.

항아리만을 그리다가 달로 옮겨진 것은 그 형태가 항아리처럼 둥근 달이어서 그런지도 모르고 또한 그 내용이 은은한 것이어서 그런지도 모른다. 불란서[프랑스] 사람들 말에 '달 같은 바보'라는 말이 있다. 태양처럼 찬란한 마음을 가져 본 적이 없다. 그러나 내 마음은 항상 뜨거운 것을 잃지 않고 있는 것만은 사실이다.

1963. 1

표지화여담表紙畵餘談

나는 신문 잡지에 컷 같은 것을 그리는 데 땀을 뻘뻘 흘린다. 번번히 약속 기일을 넘기는 것도 성의가 없어서가 아니라 재미난 생각이 안 나고 잘 되지가 않아서이다. 여남은 장 그려서 한두 장 골라내면 좋은 편이다.

하찮은 거라도 이렇게 만들어서 편집자에게 보내는데, 가다가는 그것이 거꾸로 실리는 수가 있다. 이런 염려가 있어 안 넣어도 좋을 싸인을 똑바로 넣어 보내는데도 역시 그러는 수가 있다. 이러한 실수는 있음 직도 하지만 편집자가 자기의 일(편집)에 대해 애정이 없는 것으로 아니 볼 수 없으니 허허 웃고 넘겨 버리지만 화고畵稿를 보낸 사람으로선 개운치 않다.

그건 그렇다 치고, 화고를 공장에 내려보내면 그만인 것 같다. 이건 무슨 소리인고 하면 그 편집부의 누구든지 좋다. 하찮은 것이지만 그 화고를 간직하는 사람이 없는 것 같다. 손바닥만 한 컷이긴 하지만 나로서는 소홀히 날림으로 만든 것이 아니기 때문이다.

표지 장정은 더욱 어렵다. 책의 얼굴이 되기 때문에 책임감이 더해진다. 속 몸이 아무리 예뻐도 어색한 옷을 입혔다간 우

스운 꼴이 되고 말 것이 아닌가.

표지화에 있어 한 가지 어려운 것이 있다. 책의 크기와 똑같은, 원형대로 그리는 일이다. 치수를 재서 그 속에다 그리는 것도 귀찮을뿐더러 쬐그만 바닥에 모필毛筆을 쓰고 채색을 쓰고 하자니 항상 오밀조밀해지고 만다. 적어도 갑절 이상의 바닥에 활달한 생각으로 그리면 그것을 축소 인쇄한다고 해도 효과가 더 좋을 것이 아닌가 싶다. 외국에서는 특수한 것을 제외하고는 표지화에 있어 치수 제한이 없는 것 같다.

또 우리들은 특히 월간물 표지 인쇄에 있어선 치밀한 교정을 보지 않는 것 같다. 치밀한 교정과 인쇄력을 동원하면 좋든 좋지 않든 원화의 실감이 날 텐데 그렇지 못하다.

어쨌든 본격적인 제작이 순조롭고 본격적인 제작을 늘 하고 있을 때 장정화도 잘 되며 컷 같은 것도 재미나게 되는 것 같다. 그러니 늘 일(제작)을 지속하는 생활이 아니면 조그만 장화裝畵도 좋은 것이 나오지 않을 수밖에 없는 것이다.

1963. 4

소냐

나는 소설을 열심히 읽지 못한 셈이다. 그러나 예나 지금이나 소설 하면 도스토예프스키가 떠오르고 도스토예프스키가 하면 그냥 소냐의 얼굴이 환히 보이도록 나는 소냐를 지금도 사랑한다. 도스토예프스키의 뭇 소설의 여주인공들 중에는 반드시 한 사람의 소냐가 등장했었다.

소냐는 천진난만한 소녀일 때도 있었고 풍파에 시달린 젊은 여인일 경우도 있었으나 언제나 마음은 맑고 순진했으며 상처받은 흔적이 보이지 않는 구원久遠의 여상女像이었다. 단테의 베아트리체처럼 영원으로 우리들을 이끄는가 하면 막달레나의 마리아처럼 사랑으로써 사람의 심장을 녹이기도 했다.

그 소냐의 영상이 언제부터인가 나의 가슴속에 자리잡기 시작하면서, 나는 소냐한테서 배운 것이 많다. 그래서 내 구원의 여상女像이 소냐에게 싹트기 시작했던 것 같다.

사랑하는 나의 소냐는 오늘도 내 가슴속에 사랑의 불꽃을 이루어 주니 어찌 된 일일까. 소냐를 제외하고는 내 마음을 부풀게 해주는 사랑을 나는 아직도 발견하지 못하고 있다.

순수하고 아름다운 마음을 지닌 나의 사랑하는 소냐……

그것은 나의 젊은 시절을 꿈으로 가득 채워 주었던 도스토예프스키의 소설에 무수히 등장했던 나의 애인이다.

1963. 7

자연스러운 생활

나는 서서 살다시피한다. 그림을 서서 그리기 때문이다. 파리에 가서 3, 4년 사는 동안에 이 버릇이 생겨서 돌아와서도 서서 일을 한다. 그래서 지금 나에겐 앉아 있는 것보다도 걸상에 걸터앉아 있는 것이 편하고 걸터앉아 있는 것보다는 서 있는 것이 편할 정도다. 말은 잠도 서서 잔다지만 잠만은 누워서 온돌방에서 잔다. 서서 일하다가 쉴 때는 눕는 버릇이 생겼다. 주저앉거나 걸상에 앉는 것보다는 눕는 것이 편하고 피로가 풀리기 때문이다.

나는 밥을 별로 좋아하지 않는다. 서는 것이 습관이 되어서 들고 먹을 수 있는 것이면 식사도 서서 먹는 편이고 차도 또한 서서 마시기를 좋아한다. 점잖지 않은 이러한 버릇이 외부에 나가면 여간 불편하지 않지만 나는 내 직업상 내 집 안에서만 살게 되니 별로 불편을 안 느끼며, 학교에 나가서도 학교의 일이란 모두가 서서 하는 일이기 때문에 생리적인 불편을 안 느낀다.

나는 그림 그리는 동료들이나 학생들에게, 서서 일을 하라고 권장한다. 그것은 첫째 일에 능률이 나고 둘째 건강에 좋기 때문이다. 무슨 책엔가 보니까 화가(구라파)가 오래 사는 이유

는 서서 일을 하기 때문이라고 했다. 나도 장수해 봐야 알 일이지만 지금의 내 건강은 그리 나쁘지도 않고 서서 사는 내 생활이 나에겐 가장 좋은 방법인 것 같아서 앞으로 집을 짓게 되면 서서 살기에 알맞는 집을 지을까 한다. 칸칸이 막는 집이 아니고 큰 방 하나로- 뜰도 그냥 뜰이 아니라 일을 할 수 있는 뜰, 뜰에서 식사도 하고 그림도 그리고 조각도 하고 독서도 하고 그리고 낮잠도 잘 수 있는 그러한 정원을 만들고 싶다.

11월인 지금에도 청명한 날이면 나는 으레 마당에서 식사를 한다. 계절이 바뀐 풍경을 바라보며 하늘 아래서 하는 식사란 찬이 있고 없고 간에 신선하고 맛이 있다. 식사가 맛이 있다는 것은 건강의 상징이요, 기쁘게 유쾌하게 먹는 음식은 소화도 잘되는 성싶다.

앞서 나는 밥을 그리 좋아하지 않는다고 했지만 그렇다고 밥 대신 빵을 먹으라는 말은 아니다. 그러나 우리들은 식생활과 주거 생활을 아니 생각할 수가 없다. 밥보다는 빵이 더 합리적인 것 같고, 방바닥에 앉아 하는 생활보다는 의자 생활이 더 능률적인 것 같다.

생활 양식이란 일시에 고칠 수도 없고 또한 전체적인 경제적 뒷받침과 현실 환경 등 모두가 자연스럽게 어울려야만 가능할 일이지만 우리들의 생활양식과 저 서구인들의 생활 양식을 비교해 볼 때 저 사람들의 생활양식이 가장 현대적이 아닐까.

여기 현대적이란 말은 과학적이요 합리적이란 뜻이다.

지금 우리가 입는 양복은 서양 복장이 아니라 우리들의 생활복인 것이다. 우리들의 주거 또는 식생활도 이러한 식으로 받아들이자는 말이다.

내겐 특히 건강에 대한 좌우명이 없다. 그때그때 자연스럽게 사는 것뿐이다. 부자연이란 것이 가장 불건강의 요소가 아닌가.

폭음은 부자연한 소행으로 건강의 적일지 모르나 그러나 나도 모르게 폭음하는 때가 있다. 나의 음주는 습관에서 오는 것이 아니기 때문에 한 달에 한 번 있거나 말거나다. 그런데 나는 안주를 많이 먹는다. 여기서 하나 생각나는 것은 우리들의 음주법을 좀 고쳤으면 한다. 식사와 술을 같이 하자는 말이다. 공복에 술만 냅다 마시다 보면 기름진 좋은 식사는 식어 빠지고 만다. 가다가 맘먹고 식사 초대를 했는데 술만 고래고래 마시고 애써 만든 주부의 요리 솜씨는 눈요기로 돌아간다. 식사를 제대로 하고 나서 술을 시작하는 것이 옳은 음주가 아닌가 하나 주당들은 공복이라야, 또는 만복 후면 술맛을 놓친다니 나는 술맛을 모르는 식충일지도 모른다.

어쨌든 나의 건강법은 따로 있지가 않다. 졸리면 자고 일어나면 일을 하고 따분해지면 목욕을 하고 산보를 하고 음악은 아침에 듣는다. 아침에 아름다운 음악을 듣는다는 것은 그날

을 행복하게 만들어 주는 것 같다. 항상 마음이 청명하고 명랑하게 나는 이렇게 살고 싶다.

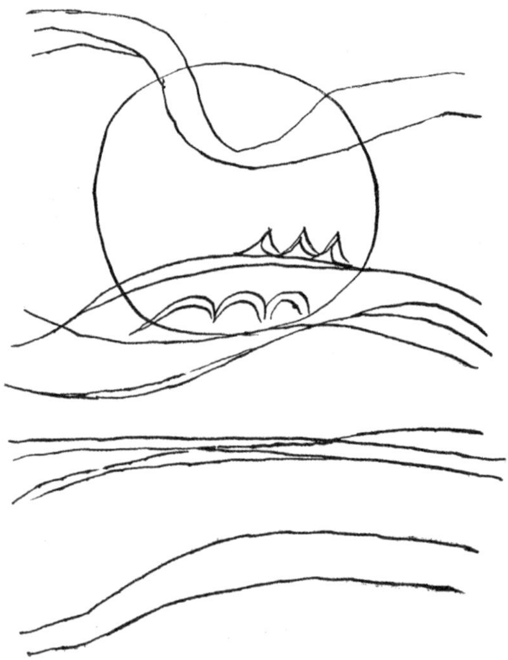

뻐꾸기와 꽃향기

뒷산(와우산)에서 뻐꾸기가 운다. 아카시아꽃이 지금 한창이요, 찔레꽃은 낙화落花에 들어간다. 장마 걷힌 저 푸른 잔디 위를 맨발로 밟아 보면 얼마나 시원할까. 꽃향기와 녹음에 묻혀서 뻐꾸기 울음을 듣고 있으니 여기가 서울이 아니라 어디 산중이나 전원에 있는 것 같아서 고요한 행복감幸福感 같은 것을 느낀다.

같은 서울이라 해도 종로나 명동 같은 데서야 어디 뻐꾹새 소리를 들을 수 있으며 꽃과 풀 향기에 젖을 수가 있으랴만 같은 특별시에 살면서도 우리 같은 가장자리 시민에 비하면 서울 한복판에 있는 서울 시민들은 불행한 것 같은 생각이 든다.

그 사람들을 위해서 서울시는 중앙에 광활한 녹지대를 만들고 이왕이면 꽃이 피고 향기를 내뿜는 가로수를 심어 줄 것을 부탁해 둔다.

이 글을 쓰고 있는 지금 이 시간에도 뒷산에서 뻐꾸기는 울어대고 꽃과 수풀의 향기는 파도처럼 밀려온다. 전원과 도시가 함께 살 수 있는 서울, 서울은 그래서 좋다.

저 서양 사람들의 도시인을 보라. 드라이브도 좋기는 하겠

지만 지금 나와 같은 자연의 행복감을 누리기 위해서는 적어도 2, 3킬로는 차를 몰고 달려 나가야 하지 않겠나.

파리에 잠깐 살 적이다. 고층 건물 속에서 집단 거주集團居住하지만 그 불편함은 한두 가지가 아니어서 이루 말할 수가 없다. 소소한 불편이란 앏직도 하지만 본능이 말살되어가는 그러한 생활, 이런 것도 필시 현대 문명의 폐단이리라.

우리들의 생활이란 문 열고 나서면 흙 마당이다. 사람이 흙을 밟는다는 것이 얼마나 소중한 사실인가.

그러기에 파리 시민들이 열심히 일을 하고 열심히 돈을 번다는 것은 황금 태양黃金太陽이 내리쏟아지도록 따사로운 시골에다가 농장을 마련하고 싶은 그러한 공통된 욕망에서인 것 같이 보였다.

1963. 6

어글리 서울

서울시는 왜 하루속히 지하 철도를 뚫지 않을까. 해방 직후 이 사업을 시작했다면 지금의 이 교통지옥은 면했을 게 아닌가. 서울에 동서남북으로 지하 철도만 뚫린다면 시민의 홍수는 쭉쭉 빠져갈 것이 아닌가.

우리 땅에선 기름 한 방울 나지 않지만 갈수록 자동차는 불어날 것이요, 서울 인구는 자꾸 늘어날 것이 뻔한 일이니 어찌 지상 교통만으로 해결이 될 것인가.

땅 속을 뚫는 작업을 시작하면 실업자를 구제할 수 있다. 돌을 캐내면 그 돌로 아스팔트에 비길 수 없는 희한한 도로포장이 된다.

우선 교통을 해결해 놓지 못하고 어찌 현대도시를 생각할 수 있겠는가.

서울의 밑바닥은 화강암花崗巖으로 깔려 있는 것으로 안다. 그 희고 맑은 화강암을 온통 서울에 깔면 얼마나 아름다울까. 그 희고 맑은 화강암의 포도鋪道위에 비가 내리는 정경을 생각해 보라. 어디 아스팔트에 비길 건가.

우리는 서울에 살지만 우리 조상들이 걷던 길을 걷고 있는

게 아니다. 저 로마나 파리를 보라. 그들은 자기 조상들이 걷던 길을 오늘도 걷고 있지 않은가. 돌이 깔린 좁고 넓은 그들의 거리는 지금도 마차 바퀴의 자국이 생생하니, 우리가 석굴암만 가지고 신라 천년을 노래하는 거와는 좀 다르다. 자손만대는 고사하고 한 백년쯤은 생각하고 일을 해야 할 것이 아닌가.

서울의 도로는 큰길에만 치중한 것 같다. 전찻길, 자동차길만을 생각한 것 같다. 시민 전체가 살고 있는 우리들의 주택가에는 왜 도로포장을 않을까. 뒷길, 샛길에도 도시다운 도로포장을 해야 한다. 뒷길과 골목길, 우리들이 살고 있는 골목길이 포장되지 않고는 깨끗한 서울은 될 수 없다. 오밀조밀한 서울의 뒷골목까지 그 희고 맑은 돌로 포장되었다고 가상해 보자…… 얼마나 아름답고 재미나는 서울이겠는가.

그런데 저 덕수궁 담은 왜 허물었을까. 서울의 꿈과 향수가 어린 그 덕수궁 돌담장은 왜 우리 손으로 허물었을까.

국보 제1호가 아니어서 허물었을지도 모른다. 담장은 담장의 의미뿐이어서 허물었을지도 모른다. 길을 넓히기 위해서 또는 밖에서 내원內園을 들여다보기 위해서 허물었을지도 모른다.

저 일인日人들도 비원秘苑과 종묘宗廟를 가르고는 우리韓式 돌담을 쌓아 주었다. 경복궁의 담장을 보라. 비원의 담장을 보라. 거기 우리 고유의 미를 못 보는가. 우리의 고건축古建築은 담장까지 끼워서 생각해야 한다. 그토록 담장은 그냥 담장이 아닌

것이다.

개방돼 있는 것도 좋지만 숨겨져 있고 가려져 있는 것도 좋은 거다. 개방적인 것이 서양 것이라면 숨겨져 있고 가려져 있는 것이 동양 것이 아닐까. 숨겨져 있는 덕수궁을 대한문大漢門에 들어서서 보는 것이 왜 나빴을까.

덕수궁 돌담을 바라보던 생각, 그 돌담을 끼고 걷던 감회가 그립다. 이러한 감회는 나만의 생각이 아니리라.

어찌 생각하면 우리의 정서는 아늑하게 숨겨져 있는 것, 가려져 있는 것, 그런 것이 아닐까.

길이란 좁은 길보다 넓은 길이 좋고 직선 도로가 시원할지도 모른다. 그러나 길은 꼭 넓어야 한다는 법이 없고 직선 도로여야만 된다는 법도 없다. 길에는 절대로 역사가 있는 법이요, 넓으면 넓은 대로 좁으면 좁은 대로 애정이 가는 법이다.

뉴욕과 같은 바둑판 같은 길도 있고 로마나 파리와 같은 좁고 넓고 구부러진 길도 있다.

그러나 그 사람들은 길을 넓히기 위해서 함부로 허물어 치우지 않는다. 좁은 길은 좁은 대로 다듬기 마련이다.

파리시市에는 줄 타는 식으로 걸어야 하는 한 자 폭의 보도가 얼마든지 있다. 이런 재미나는 길도 있는 법이다.

어쨌든 저 사람들은 낡은 것을 함부로 걷어치우지 않는다. 그것이 다소 불편하다 할지라도 새것 보다 낡은 것을 더 사랑

한다. 우리도 이러한 정신을 배울 만도 하지 않을까.

잘됐거나 못됐거나 석조 건물인 서울 시청이 서 있고 거기 광장이 있고, 반도호텔·조선호텔이 있는 환경이다. 이 환경에 고담古淡한 덕수궁의 돌담은 잘도 어울려서 서울의 향수를 서리게 하였는데 우리의 역사를 우리 손으로 허물어 버렸으니 서글픈 일이기도 하다.

덕수궁 돌담을 허물어 치우는 용기가 있었다면 차라리 조선호텔 담장과 반도호텔을 경계로 모조리 허물어 치우고 시청 광장을 넓힐 것이요, 나아가서는 조선호텔 정문에서 서편으로 직선 도로를 한계로 시청 쪽의 삼각주를 전부 허물어 그야말로 서울특별시의 대광장을 만들었어야 할 것이다.

사실 서울이라는 대도시는 광장을 갖지 못했다. 그렇기에 무슨 시민의 행사가 있을 때마다 성동원두城東原頭로 불리어지는 서울운동장에서 거행되기 마련이다. 서울운동장은 말 그대로 운동장이지 광장의 성격은 아니다.

시민의 광장이면서도 시민의 광장 구실을 못하는 협소한 광장에다 또 분수를 만들어 바라볼 바엔 차라리 횡단이 편리하도록 도로구획이나 해주었으면 하는 생각이다.

우리는 일찍 대 서울의 광장을 생각해 봤어야 했을 문제가 아니었던가.

사실 나는 있는 것을 부수고 그 자리에 새 건설을 하는 것

을 원칙적으로 달갑게 생각지 않는다. 그 이유로는 가뜩이나 가난한 나라요 또 잘못 부수기 쉽기 때문이다.

나는 서울을 사랑한다. 그러나 지금의 서울보다는 과거의 서울을 더 사랑한다. 과거의 서울이 오히려 우리의 냄새(한국적인 것)가 더욱 짙었기 때문이다. 보라- 서울을 어디서 찾아보겠는가. 전란도 겪었지만, 서울은 크게 변모하지 않았는가. 고층 건물, 복개 공사, 자동차 홍수…….

시대적인 변모의 조류를 역행할 수는 없는 일이다. 그렇기에 우리들은 과거의 서울을 그대로 두어 정치도시로 다듬어 손질하고 그야말로 대도시 서울은 강 건너 나가자. 진실로 새 땅 위에다 새 도시를 용감하게 만들지 않고는 과거의 서울 위에다 새로운 서울을 건설하기는 절대 불가능하기에 말이다.

강 건너 도시를 건설하기 위해서는 우리는 우선 한강을 개척해야 한다. 수많은 다리를 놓고 원시상태로 버려져 있는 강기슭 허허벌판 모래사장을 생색나는 땅으로 만들어야 한다. 한번 생각해 보라. 우리는 얼마나 광활한 땅을 얻겠는가. 강기슭 양편에는 완벽한 둑을 쌓고 거기 길을 만들고 집을 짓고…… 얼마나 아름다운 수도가 될 것이며, 진실로 우리의 한강은 되살아날 것이 아닌가.

중심은 구 서울에다 두고 우리들 시민은 강 건너로 나가자는 것이다. 그러니까 강 건너에다 서울의 새로운 위성 도시를

만들자는 것이다. 적어도 이제부터의 우리 도시의 건설이란 21세기적인 정신으로 만들어져야 한다.

이러한 사업과 계획이란 국가재정 내지는 시 재정이 앞서야 할 일이지만, 그러나 돈만 있다고 잘 되는 것은 아니다. 우리들은 장차의 대 서울 건설을 위해서 정신적인 연구가 미리미리 돼 있어야 하지 않겠는가.

지금의 서울을 이야기하자. 서울엔 녹지대가 아쉽다. 그렇다고 도심지구를 밀어 엎고 광활한 녹지대를 만들 수는 없는 일이다. 가로수가 있는 거리에는 가로수를 더 보강하며 없는 거리에는 뒷골목까지 가로수를 심으면 어떠할까. 푸른 서울, 거리마다 무성한 나무에 묻힌 서울을 생각해 보자. 이제 심어 10년이면 푸른 서울이 안 될까.

가로수를 키우기 위해서는 나무 하나에 한 세대의 책임제로 하면 어떨까. 그래서 내가 맡은 가로수가 성하게 자라도록 늘 손질할 것이며, 혹시나 시들기나 하면 그 이상의 나무를 그 자리에 심는 그러한 방법으로 가로수를 가꾸면 재미도 나고 푸른 서울이 비약적으로 이루어지지 않을까.

그리고 가로수 상賞 제도를 만들어서 개인 단위 또는 동리 단위로 시상한다면 참 재미날 것 같다. 푸른 그늘 아래엔 띄엄띄엄 걸상을 놓아야 한다. 이 걸상의 모양도 널리 현상을 걸어서 튼튼하고 아름다운 예술적인 걸상을 만들어야 한다. 가다가

걸터앉아 다리를 쉬기도 하며 오고 가는 거리를 바라보고 있는 것도 유쾌한 일 일거다.

서울은 아름다운 자연을 가졌다. 북악, 인왕, 남산, 그리고 낙산까지 다 품위가 있고 일취一趣가 있는 산들이다. 그리고 맑게 흐르는 한강이 있다.

그런데 왜 서울이란 도시는 아름답지가 못하며 꿈도 없는 도시일까. 꿈이 없는 도시란 도시의 형태 구성에서만 오는 것은 아닐 게다. 시민들의 감정 상태에 좌우되는 문제이기도 하다.

여기서 시민의 감정 문제를 다루다간 문제가 달라진다. 정치경제 생활의 문제가 되기 때문이다. 어쨌든 서울은 아우성의 거리요, 바람이 없는 날에도 먼지의 도시다. 비만 오면 걸을 수가 없도록 질척거리는 거리 거리들이다. 서울 복판이 이러하니 시의 주변이야 말해서 무엇하랴. 서두에서 도로 이야길 했지만 도시의 중대성이란 건물보다 먼저 도로가 소중하며 또 선행되어야 하지 않겠는가.

언젠가 중국계 미국 시민의 내방을 받았다. 그는 건축가요 미국 모대학의 부교수였다. 그가 한국에 나와 3개월 간 USOM에서 일하게 된 목적은 한국에 세워지는 건물들이 모두가 미국식이어서 재미가 없으니 너는 중국 사람이니 동양적인 것, 한국적인 것의 아이디어를 제공하라는 것이었다 한다.

나는 솔직히 그렇다고 수긍하지 않을 수 없다. 내가 알기에

는 최고회의 USOM건물을 제외하고는 서울에 세워진 건물은 거의 우리 건축가들의 작품이 아닌가 한다. 그렇다면 이 건물들은 하나같이 오리지널리티가 없는 서양식 직수입의 건물들이 아닐까. 우리 건축가들이 우리의 자연과 풍토와 생활 양식을 생각하지 않는다는 말은 아니다.

그러나 실제로 세워지는 건물을 보면 외국의 영향이 아니고 외양 그대로가 모방인 바에야 어찌하랴. 건축 그 자체가 창조의 일이라면 넓은 창을 내고 쌓아 올리기만 해서 현대건축이 아니며 희囍자 문양을 살린다고 해서 한국적인 것만은 아닐 것이다.

건축이라는 세계적인 해석에서 동양 또는 한국의 이질적인 건축이 솟아올라야 하지 않을까. 건축재료에 있어서도 나는 돌을 권하고 싶다. 철근 콘크리트라는 재료에만 치우침이 없이 석조 건축도 좋지 않을까. 나는 짧은 외국여행에서 돌아와 이상한 것을 느꼈다. 종로를 걸어도 광화문을 걸어도 어쩐지 내 발이 땅에 붙어 있지 않은 듯한 그런 무중력 상태 같은 것이 한동안 계속되었다. 육중하게 뻗어간 건물을 좌우에 두고 산의 연결 같은 돌바닥의 길을 걷다가 서울 거리에 나타나니 습관의 감각은 간사하기도 해서 몸의 중량이 이상해지며 허공을 걷는 것 같은 그런 느낌이었다.

그렇다, 좌우에 묵직한 건물이 즐비한 거리를 걷고 있으면 어딘지 모르게 포근한 마음에 안정감을 준다. 경쾌한 것이 좋

지 않은 건 아니다. 그러나 경쾌한 감각이 오히려 야해져 버리는 결과를 많이 볼 수 있으며 경쾌의 표현이 날림으로 화化하는 수가 많이 있다.

바라건대 나는 기왕이면 묵직한 건물, 묵직한 도시를 만들고 싶다. 이상한 생각인지 모르나 묵직한 집에서, 또한 그러한 도시(마을)에서 자라난 사고의 세계는 좀 다르지 않나 그렇게도 생각되기 때문이다.

인간이 지상에 무엇이든 세운다는 것은 뜻깊은 일이다. 그렇기에 함부로 세울 수도 없는 일이요, 한번 세운 것은 허물기도 어려운 일이다. 그렇다면 지구와 생명을 같이하는 그러한 영원성을 건제로 하는 의지로써 지상건설에 임해야 하지 않겠는가.

이렇게 생각한다면 우리는 지상낙원을 생각하기 전에 눈에 보이지 않는 도시건설의 근본이 되는 기초부터 생각하지 않을 수 없다. 우리들의 상수도, 하수도를 먼저 말하지 않을 수 없다.

불행인지 다행인지 우리들의 후각은 똥 냄새에 익어 버렸다. 그러한 우리들의 후각에도 경우에 따라서는 견뎌 낼 수 없는 악취의 엄습을 받으니 어떻게 말해서 서울은 똥 냄새로 싸여 있지 않나도 싶다. 상수도야 물론이요, 하수도의 완벽이 없이 어찌 도시다운 도시가 될 것인가.

저 맑게 흐르는 한강도 하류에서는 물에 들어갈 수도 없다

는 사실을 우리의 서울이 지상으로만 눈발림되어 가는 증거가 아니겠는가. 주어진 자연의 혜택도 아름다움도 향유할 수 없으니 서글픈 일이다. 하수도 공사를 단행하면 자연 전신 전화는 땅속에 묻힐 것 아닌가. 지금 구역에 따라서는 전화선은 지중地中 케이블이 되어 간 듯도 하나 지상에는 전신주가 하루 속히 없어져야 한다. 지상선으로 인해서 뜻 아닌 참사자가 생기는 비극을 우리들은 잘 알고 있지만 도시의 미관상으로 보더라도 전신주가 지상에 노출되어 있어서는 안 된다.

참, 우리들은 할 일이 많기도 하다. 마음이 있고 알고는 있으나 워낙 빈한한 나라가 아닌가. 그러나 우리는 꿈을 잊어선 안 된다. 꿈이 있는 시민의 도시는 항상 평화롭고 즐겁기 마련이다. 꿈에 가득 차 있는 도시는 그 외양이 비록 보잘것없다 하더라도 그것이 바로 낙원인 것이다.

보라, 왜 우리는 가시철망을 둘러야 하며 가로수를 못 살게 하며 차장과 손님이 싸워야 하는가.

그런 것들은 우리 시민들이 결국은 꿈을 잊어서, 우리에게 꿈이 없기 때문이 아닐까.

우리가 바라는 것은 호화찬란한 현대 도시보다는 가시철망이 추방돼 있는 그러한 도시를 바랄 뿐이요, 그러한 서울을 그리워할 뿐이다.

1963. 9

뉴욕 통신

여기에 와서 벌써 세 번째 주말을 맞이합니다. 본시 호강족이 아닌지라 아직도 여독이 풀리지 않은 채 그냥 바쁜 시간을 보내고 있어 참 편지 쓸 시간도 없구려. 상파울루에서도 리오에서도 그랬었고 더구나 그 고장은 가뜩이나 더워서 그렇잖아도 생리가 더위를 못 견디는 사람이니 꼼짝 못 하고 한 보름 견디다 이곳으로 날아왔습니다.

- 건축과 우리 학생들 작품 참 좋았습니다. 서울대 학생들 것도 괜찮고, 우리 학생들 작품 앞에 서니 그 좁은 공방에서 밤을 새다시피 일하던 정성이 애처롭게 눈에 밟혀 울 뻔했습니다. 아! 그 와우산, 이젠 드센 바람이 휘몰아치겠으나, 제가 떠나올 무렵에는 갈대가 무성했고 코스모스가 만개했습니다.

- 브라질이 괜찮으면 거기서 좀 제작도 해볼까 달콤한 꿈도 가져 보았던 것이나, 앞서도 말했지만 더워 못 견디겠고 미술가로선 적당한 곳이 아니기에 다소 실망도 했답니다.

뉴욕에 오니 제법 계절감이 있어서 서울을 연상케 됩니다. 떠나오면 으레 그리운 법이어서 몰두하는 시간 이외에는 서울 생각, 선생님들 생각, 우리 학생들이 간절히 보고 싶을 뿐입니

다. 내가 사라져 우리 교수실이 조용할 것을 생각하며 혼자서 실소합니다. 뉴욕에 와서 새로 받은 인상은 별로 없습니다.

고층 건물, 하이웨이 정도라 할까. 도대체 이 사람들은 지상에서 제일 바쁜 사람들이란 것은 틀림없습니다. 이래서 달러의 나라요, 나라가 잘 되어 가는지도 몰라도 내 눈으로 보기엔 문명과 시간의 노예가 된 뉴욕 시민이 불쌍하기까지 해요.

이번에 나와 제일 좋은 것은 맘 놓고 어디서나 어느 때나 맛있는 커피를 마시는 것, 카멜을 맘껏 피울 수 있는 것 등입니다. 선생님들 그립습니다.

또 김장 걱정을 하시겠네. 허나 용감하게 기쁘게들 살아 주십시오.

보아하니 달러의 시민들도 걱정이 떠날 새 없는 것 같아요. 먼저 우리나라를 먹여 살리는 나라의 시민들도.

저는 여행 중에도 공부를 열심히 하고 있습니다. 그래서 외로움을 이겨가고 있습니다. 한 주일 전에 나상기羅相基 선생과 전화로 만났습니다. 나는 영어로, 나 선생은 한국말로. 우리 선생들 참 보고 싶습니다.

이렇게 간절히 보고 싶을 줄 알았던들 설렁탕이며 약주나 자주 대접할 것을, 나이깨나 먹어서 외국에 나오니 아쉬운 것이 하두 많기만 해요…… 자, 그러면 늘 안녕들 하시길 비오며 각장으로 쓰지 못하고 또 이렇게 봉함엽서로 띄우는 것을 사과합

니다. 지금 뉴욕에는 고층 건물 위로 해가 저물고 있습니다. 서울은 초삼일이 밝아오는 무렵이겠습니다. 섭섭합니다.

미술대학의 사명

대학이란 원래 하나의 분위기다. 그 분위기는 교수와 시설, 그리고 학생들이 조성하고 있다. 이 분위기는 '학문 연구'와 '인격도야'라는 목표에 따라 움직이고 있다. 학문 연구라는 과제는 대학이 학문의 전당으로서 인류의 역사와 예지를 통하여 면면綿綿 흘러온 체계화된 인간의 지식을 보전하고 개량하는 지적인 작업이다. 따라서 거기에서는 선인先人의 실험과 모험을 집약·재검토함은 물론이요, 나아가서는 그들 인지人智의 통계를 터전으로 새로운 창조가 있어야 한다. 말하자면 학문 연구는 과거의 검토에서 시작하여 미래의 창조에서 끝나는 일련의 지적 작업이다.

그러하므로 낙엽같이 흩어진 인류의 지혜를 하나의 종합으로 체계화시키어 다음의 시대로 일괄 인계해 주는 것이다. 그러나 대학은 이 같은 학문의 연구로써 완성되는 것은 아니다. 대학의 완성은 연구된 진리나 미나 선을 연구 단계에 두지 않고 그 지적 노동으로서 얻어진 가치를 통해 자기도 향상되고 구원을 얻는 데 있다. 말하자면 인격의 도야라는 것이다.

인류사회에 기여하고 문화 창조에 참여하자면 높은 학식과

더불어 높은 인격이 있어야 한다. 인격이란 주어지는 것이 아니라 얻는 것이기에 그것은 개인의 노력의 대가이기도 하다. 원래 인격은 집중된 자아라고 말하고 있지만 이 집중된 자아는 지식 외에 의지와 정서의 종합적인 협동 속에서 성취되는 정신 가치이다. 따라서 대학의 목적은 첫째 학문의 연구이고, 둘째 인격의 도야임은 자명한 일이다.

그러면 과연 우리들 미술을 전공하는 특수대학의 목적과 사명은 무엇인가. 미술대학도 대학인 이상 전기前記 학문의 연구와 인격도야에 그의 최종목표가 있음은 재언할 필요가 없다. 미술대학이 미술연구소나 사숙私塾과 다른 점은 바로 여기에 있다. 그림만을 그리기 위하여 대학에 들어오는 것은 시간과 재산의 낭비이다. 미술대학은 미술이라는 예술을 통해 지성을 닦고 인격을 완성시키는 데에 의미가 있다. 따라서 미술대학은 미술에 관한 직공이나 환쟁이를 길러 내는 기관이 아니다. 그것은 미를 통해 도야된 인격과 미의 능력을 지닌 미의 사제司祭가 그의 청춘 시절을 의미 있게 보내는 곳이다.

미술대학은 새로운 조형 정신을 바탕으로 현대교육의 근본 정신을 기조로 한 우수한 인물 육성을 목표로 하는 것으로 그것은 인간의 생활과 더불어 있고 더구나 생활 속에서 창조되어 발전되어가는 것이다. 그것은 인류의 문화 전달이나 사상·감정·지식·기억·기념물 등의 전달·보존·구성·표현·발표하는 예

술을 창조하는 곳이다. 그리하여 이론적 근거 또는 미적 정서, 미술적 창조력이 인간성을 풍부히 해서 보다 높은 문화를 이룩하는 곳이다. 오늘날 문제 되는 미술대학의 사명에 가까운 정의를 내린다면 다음과 같다.

(1)미술이란 기술이다.

(2)미술이란 적확的確한 인간적 창조 또는 연출이다.

(3)미술이란 인간에게 필요한 것을 만드는 것이다.

(4)미술이란 완전에 가까운 인간 행위이다.

미술이 기술이라는 정의는 미술은 창조의 기술로서 완성된 것은 아니라는 것이다.

그리하여 최근 그 활발해진 국내 미술대학의 외부적 활기와 그의 내적인 여러 기준이 우선 설정되었다고는 하더라도 그의 교육 이념과 예술교육의 방법론 사이에는 극복해야 할 여러 문제가 내포되어 있다. 미술대학처럼 제작 기술적 학과과정을 핵심으로 존재하고 있는 곳이 그의 예술학적 연구 현실이다. 이 같은 모순에 당면하고 있는 한국의 미술대학이 보통 시행하고 있는 교육의 실황은 대략 다음과 같다.

목적……미술대학은 미술에 관한 제과학 및 그의 기술의 연구 수련을 통해 높은 교양을 주어 예술 창조의 힘을 양성하

는 것을 목적으로 한다.

조직…… 미술대학은 미술의 각 분야, 회화(동양화, 서양화), 조각, 건축, 공예로써 조직된다.

과정

(1)미술대학은 학문 분야에 있어서는 응용과학 분야에 속한다.

(2)일반교양과목은 대학 기준에 의한다.

(3)전공과목은 이것을 이론부문, 역사부문, 특수연구부문, 기술부문의 4부문으로 나눈다.

(4)전공부문

이론부문…… 예술대학 및 미학, 개별예술학, 예용藝用과학

역사부문…… 미술사, 미술사조사, 개별미술사

특수연구부문…… 감상비평론, 작가론

기술부문…… 실기, 기술이론

(5)선택과목

전공 이외의 예술 각 분야의 전문과목(예-문학개론, 음악감상등)

교직과목

시설

미술대학은 대개 다음과 같은 시설이 필요하다.

(1)연구실…… 교수실

(2)실기실…… 아뜰리에, 제도실, 표본실, 기계실, 용구실, 판화실, 공작실, 제작실

(3)교실…… 강의실, 환등 감상실, 자료실

(4)도서관

(5)미술박물관

오늘날 미술대학에서 실시하고 있는 관계학과 및 그의 한 예를 들어 본다.

(1)예술학·미술사에 관한 강좌…… 예술학개론, 미학개론, 미학연습, 예술심리학, 한국미술사, 동양미술사, 서양미술사, 동양미술사조, 공예사, 현대미술론, 미술개론, 고고학, 색채학, 건축사, 건축론, 현대공예술론 등

(2)회화에 관한 강좌…… 실기, 구도론, 회화학개론, 회화사 등

(3)조각에 관한 강좌…… 조각학개론, 실기, 조각사, 인체해부학 등

(4)공예에 관한 강좌…… 공예학개론, 실기, 공예사, 공예재료학개론, 도안, 판화, 구성원리, 기계공구론, 색채학, 의장양

식론意匠樣式論, 사진학, 색소화학色素化學, 도자기개론, 섬유학
화학개론 등

(5)건축에 관한 강좌…… 실기, 건축학개론, 건축사, 건축설
계, 제도학 등

이 같은 미술대학의 제도는 시대의 요청과 더불어 변천되어가는 것이지만 바우하우스의 조직과 경영, 뉴욕의 모던 아트 미술관 및 영국의 공예 센타의 종합적·조직적·공업 생산적인 조형 방식 등은 새로운 조형 교육으로 그의 성과가 기대되는 바 크다.

결국 미술대학의 목적은 "미술은 물질상의 이익을 위하여 연구하지만 그 교육상의 가치는 물체의 미에 대한 감각을 예민하게 하기 위한 것"이라고 한 아리스토텔레스의 말처럼 심미적 정서 도야情緖陶冶 및 미술의 일반적 도야 가치陶冶價值를 지표로 하고 있다. 그 점 현대의 미술교육이 물체상의 이익을 위하여 생활을 편리하게 하고 직업이나 산업기술의 기초 도야基礎陶冶를 중요시하는 데 좋은 반성의 계기가 되는 것이다.

즉 "근대의 사회생활을 규정하는 경제학은 필연적으로 생활 속에서 생기고 생활의 내용을 한정하고 예술 자체도 규정한다"라는 경제학적 견지에서 본 현대의 미술관은 메커니즘과 미술과의 교류 속에 새로운 조형 문화가 창조되어 사회생활이 개

선되는 것을 기대하고 미술을 생산 기술의 방향에 접근시키는 등 역사적 필연으로서의 현대미술의 저류를 흐르는 새로운 정신을 형성하고 있다.

이 정신은 미술 교육상에서도 현실적인 문제로 나타나 그의 목표설정의 기본조건으로서 생각되고 방법적으로 학생의 생활 및 그 생활의 발전을 중심으로 새로운 교육 이념으로서 더욱 구체화되어 실시되고 있다. 따라서 새로운 미술교육의 목표는 더욱더 확대되어가고 있다. 이것은 요사이 국내 미술대학의 수적 발전과도 아울러 생각되는 기본문제를 내포하고 있다.

그들은 미술을 통하여 고등 국민이 되어 사회의 모든 면에서 자기대로의 체질로써 봉사하고 있다. 따라서 오늘의 미술교육은 과거처럼 전문적인 미술가를 양성하는 것이 아니고 넓은 의미의 정서를 통해 그의 인간을 교육하고 있다고 할 수 있다.

또한 미술대학에서 전문적인 교육을 받은 사람 중 몇 퍼센트만이 그의 일생을 미술에 바치게 되는 것은 정치과를 나온 사람의 몇 퍼센트만이 정치가가 되는 경우와 마찬가지로 지극히 있을 수 있는 일이다. 따라서 우리의 목적은 대다수에게 자기 발전의 기회를 주는 데 있고 자기를 발견한 몇 사람에게 보다 많은 기회를 제공하고 방법을 가르치는 데 있다. 그러기에 수백 명 중 단 몇 명의 미술가가 나왔다고 우리의 사명이 그릇

된 것은 아니다. 왜냐하면 미술은 예술이고 예술은 천재를 발견하는 데 있기 때문이다.

1962. 10

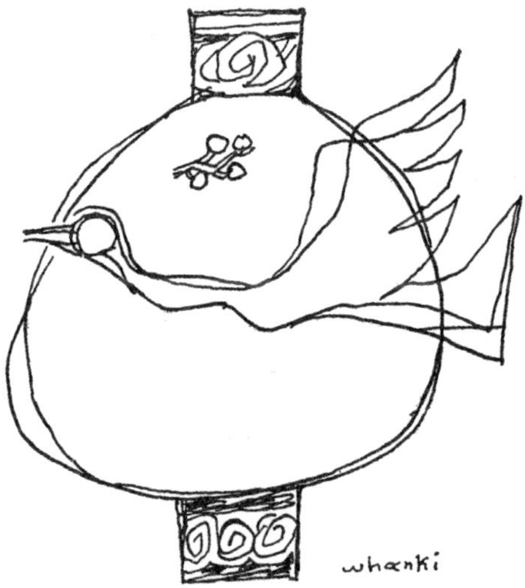

입체파에서 현대까지

1. 큐비즘

미술사상에 있어서 큐비즘(입체파) 운동이 일어난 것은 1907년, 즉 20세기 초두였다. 이 큐비즘에 대해서 미술사가나 평론가들은 "자연계의 모든 물상은 구체球體와 원추체圓錐體와 원통체圓筒體에 의해서 만들어졌다"라고 한 세잔느의 유명한 말을 인용하여, 큐비즘의 창시자를 피카소나 브라크들이 이 이론을 좇은 것이라고 하나 창작의 일이란 언제나 창작한 사람만 알 수 있는 것이요, 또 창작하는 사람들끼리는 가끔 우연히 일치가 있을 수 있는 것이다. 또 피카소나 브라크들이 흑인 조각에 흥미를 갖고 그것을 연구했던 것에서 미루어 그들의 큐비즘은 흑인 조각에 자극을 받은 것이라고도 하나 가장 니그로(흑인) 예술을 사랑하고 자기 예술 속에 그 에스프리를 집어 넣었던 모딜리아니는 이 큐비즘에 참가하지 않았다.

어쨌든 이 미술운동은 시초에는 회화상의 운동으로서 일어났지만 후일에는 모든 예술-건축·조각·공예·무대예술까지도 영향을 미쳤다. 이 피카소나 브라크들이 한 일에 다시 논리

를 세운다면 '자연의 가지각색 형태를 그의 기본적인 기하학적 형상으로 환원하고자 한 것'이라고 할 수 있다. 큐비즘의 대표적인 최초의 작품은 피카소의 유명한 〈아비뇽의 처녀들(1907)〉이다. 피카소가 일찍이 바르셀로나의 아비뇽 가街에 있는 어느 술집의 여인들한테서 받았던 인상을 후일 작품화한 것이라는 이 그림의 구도는 다섯 사람의 여인의 군상群像인데, 넷은 서 있고 하나가 앉아 있는 그 왼편에서부터 여자의 얼굴들이 사실적인 것에서 점차로 부서져서 네 번째부터는 완전히 부서지고 다섯 번째 좌상座像에 이르러서는 드디어 '기본적이며 기하학적인 형상으로' 환원되고 말았다.

세잔느의 영향을 받아서 화풍에 현저한 변화를 일으킨 작가에는 피카소, 브라크뿐만 아니라 도랑도 끼어 있다. 1908년대의 그들의 작품에는 한층 더 현저하게 이 기하학적 형태로 구성하는 방법이 나타났다. 그래서 누가 먼저 큐비즘을 시작했나 하는 문제에 대해서 혹자는 피카소가 먼저 했다고 하고 혹자는 브라크가 피카소보다 먼저 시작했다고도 하나, 하여튼 그들이 거의 동시에 시작한 것이 사실이고, 공표되기는 1908년 살롱 도톤느Salon d'Automne에 브라크가 몇 폭을 출품했다가 두 폭이 겨우 입선됨으로써 분개한 브라크는 두 폭마저 도로 찾아다가 칸바일러 씨 화랑에서 개인전을 열었다. 이때 살롱 도톤느의 심사위원의 한 사람이던 마티스는 브라크들이 그리는 그림을

가리켜 그들은 조그만 입방체로써 그린다고 한 말이 되어 당시의 비평가 루이 보오셀이 큐브라는 말로써 조소적인 기사를 『질 부라』 지상誌上에 썼었다.

이것이 큐비즘이란 말이 생긴 기원이었고 1911년대부터는 큐비즘과 큐비스트라는 말은 예술가와 비평가들 사이에서 많이 유행했고, 이 해의 살롱 데 장데팡당[Salon des Indépendants : 앙데팡당전]에는 큐비즘의 진열실이 생겨 여기 처음으로 큐비즘의 집단적인 발표가 이루어졌다. 같은 해에 파리 아닌 지역에서는 브뤼셀에서 처음으로 큐비즘 전람회가 열렸다. 시인 기욤 아폴리네르는 큐비즘의 옹호자요 동시에 지도자라고도 할 수 있을 만큼 큐비즘을 이론으로 이끌어 나간 사람이다.

그럼 이 큐비즘이 목표한 것은 무엇이었던가. 포름의 새로운 결합을 표현하기 위하여 물상物象을 일단 그 구성요소로 분해해 가지고 다시 그것을 화면에 결합시켜서 새로운 것을 창조해 내기 위해서였다. 큐비즘의 화가들은 피카소와 브라크 외에 글레이즈, 메상제, 레제, 그리, 들로네, 피카비아, 쥬상, 라 프레네 등이다.

큐비즘의 발전과정을 항용 3기로 나누어, 확실히 세잔느의 영향으로써 시작되었다고 보는 큐비즘의 초기시대를 제1기로 치고, 아폴리네르가 과학적 큐비즘, 또는 사변적思辨的 큐비즘이라고 부른 시기를 제2기(1909~1911)로 친다. 이것은 어디까지

나 순수한 이지理智로서 사물의 실체를 표현하고자 한 것이고, 결코 눈에 보이는 우연성 같은 것을 용납하지 않았다. 이렇게 제1기에서 제2기로 점차적으로 발전해 간 것이 제3기에 이르러 최고조에 달하니까, 다시 제2기의 성격과는 다른 것이 만들어져, 드디어는 각기 입장과 주장을 달리하여 분열되어가게 되고 엄격한 이론적인 것이 늦추어지면서도 포름의 분해를 억제해서 다시 어느 정도의 사실적인 요소를 보이게 되었다. 그래서 이 제3기의 일을 '사실적 큐비즘'이라고 일컫게 된 것이고, 여기서 이와 반대로 추상적인 방향으로 발전해 나간 추상예술의 선구를 이룬 글레이즈, 에르방 등의 일이 시작되었다.

이와 같이 큐비즘은 회화 표현에 절대적인 자유를 주장한 미술사상의 새로운 운동이 되어 20세기 미술 형성에 혁신적인 영향을 미쳤다.

2. 아르 아프스트레(추상파)Art Abstrait

미술의 표현에 있어서, 자연의 형태나 기하학적 형태에서 가져오든지 또는 자연과는 전혀 상관없는 예술적 창작력이나 상상력으로 만들어지는 추상파들의 일은 미적美的으로 유쾌한 선과 색채로써 구도를 잡는 것이었다. 구체적인 형상을 추상으로 이끌어 오는 행위, 이 추상이라는 관념은 큐비즘에 의해서

처음으로 조직적으로 탐구되었는데 제1차 세계대전 직전에서 대전 동안에 걸쳐 기하학적·구성적·합리적 추상주의 운동으로 발전해 온 작가들은 들로네, 뒤샹, 피카비아 등의 (A)오르피즘- 즉 이들은 설명적인 형상을 벗어나는 순수한 큐비즘의 방향으로 발전하여 자연의 실제와는 관계없는 상상과 본능에 의해서 창작하고자 추상적인 형태와 색채를 율동적으로 조성해서 음악적인 리듬과 콤포지션Composition 안에 역학적力學的인 운동의 표현을 목적으로 한 것이었고, 따라서 이것은 큐비즘과 미래파未來派의 결합이라고 할 수가 있다. 이들은 큐비즘이 거부한 풍부한 색채를 다시 받아들였다(1912).

말레비치, 로드첸코 등의 (B)쉬프레마티즘絶對主義- 이것은 큐피즘의 영향을 받아서 러시아의 화가 말레비치가 1913년, 러시아에서 시작한 기하학적 추상회화 운동이다. 자연의 묘사, 또는 인상의 표현을 배척하고 단순한 기하학적 형상의 구성에 의한 순수한 지적知的 화면을 창조하려 한 것이다(1913).

이밖에 타틀린, 가보, 페브스너 등의 (C)구성주의構成主義(1914). 몬드리안, 반 되스부르그, 방통게를로, 오트 등의 (D)데스틸(1917), 또는 네오플라스티시즘[신조형주의](1914)- 네덜란드의 기하학적 추상주의 운동. 오스팡, 잔느레 등의 (E)퓨리즘(1918). 또는 그로피우스가 바이마르에 건설했던 (F)바우하우스(綜合造形學校의 명칭) 운동(1919~1925) 등이다.

3. 미래파와 표현파

순수기하학적 주지주의적主知主義的 방향을 취하지 않고 다소 낭만주의적인 추상抽象으로 발전했던 미래파未來派의 마리네티, 카라, 세베리니와 표현파表現派의 칸딘스키, 폴 클레 등이 있다.

4. 쉬르레알리즘

이러한 여러 가지 운동으로서 추상주의의 기본적 미학美學과 기법技法이 발전해서 제1차 세계대전 후 1920년대에 쉬르레알리즘이 일어나 회화繪畫의 표현 기술에 대단한 변화를 일으키게 되었다.

쉬르레알리즘은 정신분석의 영향을 받아 무의식, 꿈의 세계를 표현하고자 한 20세기의 미술뿐만 아닌, 문학에서도 일어났던 운동이다. 이성理性의 지배를 전혀 받지 않는 공상과 환상의 표현이다. 현실보다 더 진실한 것, 시각 세계의 단순한 재현보다 더 의미와 가치를 갖는 그러한 것을 창조해 내려고 하는 젊은 예술가들의 열망에서 생겨난 것인데, 그 직접적인 출처는 다음에 나오는 다다이즘에서였다.

쉬르레알리즘이란 말은 시인 아폴리네르가 만들었고, 이

운동은 물론 회화와 문학상에 그치지 않고 연극·무대장치·사진·영화·건축·조각 등 모든 예술 분야에 영향을 미쳤다.

대표적인 미술가들은 앙드레 마송, 이브 탕기, 미로, 살바도르 달리, 막스 에른스트 등이다.

5. 다다이즘

다다이즘은 1920년대에 구라파 각국에서 회화·조각 및 문학상文學上에 일어난 일종의 항거운동이다. 시초는 1916년 스위스 취리히에서 루마니아의 시인 트리스탄 차라 등 몇 사람의 시인들이 우연히 라루스 사전에서 '다다'라는 말을 발견해서 이 운동의 호칭으로 썼던 것이다. 즉 일체의 전통, 권위, 예술형식을 부정·파괴하고 불합리 또는 비이성적인 것, 비심미적·비도덕적인 것을 찬미하는 부정과 야유를 즐기고, 비정상적인 것에 매력을 느끼는 정신이다. 따라서 이들의 작품은 환상적이고 상징적이고 풍자적이어서 정해진 형태가 없고 기계 형태적인 구성을 취한 것이었다.

다다이즘운동은 독일에서는 1920년까지, 불란서[프랑스]에서는 1922년까지 계속되었다가 1924년에 쉬르레알리즘으로 발전했다. 즉 다다이즘의 반항적이고 비이성적非理性的이고 꿈 또는 꿈같은 이미지의 표현을 의식하는 예술이어서 수많은 다

다이스트들이 그대로 쉬르레알리스트로 전향하게 되었던 것이다.

피카소도 1925년 파리의 갤러리 피레르에서 최초의 쉬르레알리스트들의 합동 전이 있었을 때 출품했었다.

6. 아프스트락시옹Abstraction·크레아시옹(창조)Création

아프스트레라는 말은 추상주의라는 말이다. 즉 처음부터 구체적인 물상에 구애되지 않고 직관적이며 상상적인 소산所産을 말함이다.

아프스트락시옹이란 말은 구체적인 형상을 추상으로 이끌어 가는 행위를 말함이어서 아프스트레라는 말과는 구별되어 사용된다.

1930년대에 몬드리안, 에리옹, 칸딘스키, 들로네 등이 아프스트락시옹·크레아시옹이라는 그룹을 만들어 추상주의 운동에 중요한 역할을 하다가 1932년에는 이 추상파 그룹에 다시 조각가의 그룹이 합쳐 농-피귀라티프非具象를 공통의 목표로 해가지고 기관지(아프스트락시옹·크레아시옹·농-피귀라띠프)를 간행하는 등, 제1차 대전 후 득세한 쉬르레알리즘의 비합리주의적 경향에 대항하는 운동을 일으키다가 제2차 대전을 겪게 되었다.

7. 피카소

제2차 대전 중에는 미술가뿐이 아닌 모든 예술가들이 예술 활동을 계속하지 못하고 대부분 창작을 중단하고 전쟁에 가담하지 않으면 침묵을 지키고 있었다. 미술가 중에서는 여러 사람의 화가가 대전大戰을 계기로 해서 미국으로 건너가기도 했으나 피카소는 의연히 파리에 남아 끊임없이 창작을 계속했다. 조국 스페인의 시민 전에 분개하여 〈꿈과 프랑코 장군의 거짓말〉이라는 판화를 그리기도 하고, 유명한 〈게르니카〉를 그렸다.

큐비즘 이후 오늘에 이르는 모든 미술사상의 조류를 항상 선두에 서서 리드해 나온 사람은 피카소다. 이것은 다시 말하면 오늘의 조형예술을 만든 사람이 피카소라고도 할 수 있다는 이야기다.

큐비즘 이후의 무수한 이즘을 피카소는 도발挑發만 했지 자신은 언제나 그 이즘의 일원이 되지는 않았다. 그것은 피카소가 끊임없이 새로운 일을 발견해 나가기 때문이었다. 피카소는 한번도 추상을 하지 않았으나 추상의 모든 유파는 피카소의 그때그때의 일에서 자극을 받아 변모해 나간 것이 많다. 오늘의 조각이 조각이라고 하기에는 불충분하리만큼 다양성을 지니게 된 것도 피카소가 장난한 일에서 힌트를 받은 것이 부지기수이다.

8. 전쟁의 영향

전쟁은 크게 말해서 전세계를 변모시켰다. 아직도 미술의 중심지가 파리이기는 하나, 오늘의 파리 화상계畵商界는 국제통상이 되었다. 모든 국가적인 단위는 국제적으로 발전했다.

전일의 미술 애호가들이 오늘은 화상이 되고, 감정가들이 역시 화상이 되어 미술품, 그중에서도 특히 그림의 값이 올랐다. 따라서 화상들은 화가들에게 양적으로 생산을 수요하게 되었다. 미술만이 아닌 모든 예술, 다시 말하면 모든 문화가 오늘은 상품화된 것이다.

오늘은 지역의 거리를 불문하고 세계 각국의 미술가들이 미술의 원산지요, 아직도 중심지인 파리로 모여드는 것이 각기의 역량을 인정받기 위해서인 것도 자연적인 현상이다. 국적을 달리한 무려 십만의 화가(1957년의 통계)가 파리에서 각기 두각을 나타내기 위해 경쟁하고 있다. 화가뿐만이 아니고 세계 각국의 화상 역시 장사 될 화가를 발견하기 위해서 파리로 모여든다. 화상은 물론 안목이 있어야 실패 없는 투자를 할 수 있기 때문에 평론가 이상으로 미술사나 미술 감상에 정통해 있다.

9. 오늘의 거장들

오늘날의 거장을 손꼽을 때면 아직 살아 있는 피카소, 브라크와 더불어서 근년에 작고한 마티스(1954년 작고), 레제(1955년 작고), 위트릴로(1955년 작고)를 들 수 있고, 좀 더 일찍이 고인이 된 모딜리아니(1920년 작고), 칸딘스키(1944년 작고), 몬드리안(1944년 작고) 등을 들게 된다.

쉬르레알리즘에는 살바도르 달리, 미로, 에른스트 등이 있고, 중견으로 가르쥬와 구토의 쌍벽이 있고, 순수한 쉬르레알리즘은 아니면서도 환상적인 것만을 그리는 샤갈이 있다.

아프스트레의 진영에는 바젠느, 마네시에, 포리야코프를 선두로 무수한 중진들이 있어 이루 헤아릴 수 없을 정도다. 1958년에서 1959년 초까지 가장 많이 팔리는 작가가 아프스트레의 마네시에와 포리야코프였고, 사실寫實에서는 베르나르 뷔페의 인기가 떨어지기 시작했고, 신인 크라베가 등장해서 한동안 인기를 획득했으나 생명이 그렇게 길지 못했다.

그러나 오늘(20세기 중엽)의 미술을 이야기할 때 우리는 30대의 젊은 화가 베르나르 뷔페의 이름을 빼놓을 수는 없다. 1928년생 뷔페는 1947년에 데뷔했다. 소년기에 전쟁을 겪은 19세의 소년은 전쟁이 가져오는 비참과 살풍경을 신경질적인 새까만 선으로 희지 않으면 회색의 바탕에다 싹싹 그려 놓았다.

들여다보고 있으면 처절한 서러움 같은 것이 서리면서도 날카로운 선들이 오늘의 감각에 시원스럽게 오고, 이렇게 그려진 소품들에 나오는 아무 장식 없는 나무 탁자 위에 놓여진 가느다란 한 송이의 꽃이라든가 후르셋트(포크)나 유리잔 같은 것들이 애정을 느끼게 한다. 1947년, 48년에서 1952년대까지의 작품들은 좋았으나 1953년 이후 점차로 초기의 그러한 매력이 없어졌다. 그의 화상이 지나친 과작寡作을 강요한 결과요, 또 하나의 원인은 미술사상에 전무후무인 30대의 청년 화가가 하루아침에 거부巨富를 획득해서 성을 사게 되니, 다소 당황하지 않을 수 없는 이러한 이유에서 오는 것일지도 모른다.

화가가 1년에 한 번씩 개인전을 갖는다는 것은 쉬운 일은 아닌데 매년 정월이면 개인전을 열더니 1958년의 잔 다르크를 주제로 한 개인전에 전시된 대폭들에 이르러서는 차마 바로 볼 수 없는, 보는 사람으로 하여금 증오를 느끼게 하는 실패작이 되고 말았다.

이밖에도 아프스트레에 바젠느, 마네시에, 포리야코프 등을 비롯한 무수한 군상들 중에는 아르퉁, 자우키(중국인), 아틀랑, 상제, 질레, 실봐, 술라주, 뮈직 등등이 있다.

거장에 속할 니콜슨, 비시에르 등이 있고 마네시에, 장 르모아 같은 유파는 비시에르에서 나온 것인데, 오늘의 인기 작가 마네시에의 그림은 아프스트레로되, 들여다보면 아름다운 색채

로 조화된 물상이 역력히 보인다.

사실寫實에 속하는 중진들에는 자크 빌롱이나 그름메르니 앙드레 마르샹 등과, 그림은 안 좋으면서도 의연히 자리를 차지하고 있는 스곤자크, 로르쥬 등이 있다.

10. 피귀라티프·농-피귀라티프Figuratif·Non-Figuratif

회화 상의 조류潮流는 항상 이름을 짓게 마련이었다. 추상이니 사실寫實이니 하던 용어가 변하여 구상具象이니 비구상非具象이니 하게 되어 논의를 거듭했으나, 이것은 할 짓을 다 해본 오늘의 회화가 새로운 것을 발견하려는 과도기적인 과정인 것이고 앵포르멜 역시 말을 바꾸었을 뿐으로 포름을 갖지 않은 것, 포름이 형성되지 않은 것, 또는 무의미한 것이라는 뜻으로서 아직도 이것은 오늘의 미술이 시험 과정에 있으며, 이러한 모든 조류는 완성되기까지는 언제고 어느 일부분에서 일어나고 있는 운동에 불과한 것이다.

발상지에서는 일부분에서 일어나는 것이어도 수입해 가는 다른 지방에서는 전체적으로 파문이 미치기 쉽다.

마치 오늘의 미술은 앵포르멜을 말하지 않으면 이야기가 안 되는 것처럼 의외로 우리나라에서 이 앵포르멜이란 말이 유행하는 것을 듣는다. 물론 파리의 일우一隅에서 발랄한 이론과

함께 앵포르멜 운동이 대두한 것은 사실이나 위에 말한 바와 같이 아직 실험 과정임에 불과하다. 이론의 제창자 미셸 타피에와 그의 그룹 스틸, 폴록, 마티유, 카포그로시, 아카르디 등은 외국, 특히 미국과 일본에서 더 유명하다. 이 그룹에 미국·일본 출신 화가들이 끼여 있어 특히 일본과 미국에 많이 소개되고, 따라서 우리나라에도 들어온 것인 성싶다.

그들이 하는 일을 보면 캔버스 위에다 구상을 하고 구도를 잡는 것이 아니라 그냥 무턱대고 빛깔을 들어붓든지 휘갈기든지 뿌려버리든지 해서 거기서 일어나는 어떤 형상을 가지고 거기에 화제도 붙여보고, 이론을 세워보는 모양이다. 아무리 화면을 들여다보아도 그 무엇을 느낄 수 없을뿐더러 그들이 말하는 신비스런 체험이니 환영의 통첩 같은 것도 느낄 수 없다. 대개 그들은 강렬한 원색, 새빨간 또는 새까만 빛깔을 많이 쓰기도 하고 형태는 물론 없으나 그러나 어느 정도의 크기 안에 무엇인지 빛깔로써 이루어져 있는 것이 틀에 끼워져서 걸러질 때는 역시 그들이 부정한 '형성되지 않은 것' '무의미한 것'과는 반대적인 현상이 나타나 있는 것을 아무도 부정할 수는 없을 거다.

마티유의 뿌려진 현상을 평해 가로되 '서양의 글씨'라고 한 것도 그대로 그것이 그렇게밖에 느껴질 수 없는 단순한 이유에서다.

"시나 음악이나 회화가 오늘은 완전히 언어와 음조와 형상을 추방해 버렸다."라고 주장하는 그들의 일들이 과연 미술사에 어떠한 것들을 남길 것인가는 아직 과제 중에 있다.

빛깔을 뿌리는 것으로 만족할 리가 없어 모래나 시세, 심지어는 쇠 부스러기 등을 베르니로 발라 붙여 놓기도 한다. 캔버스 위에 모래알을 붙여 본다든가 헝겊 부스러기, 쇠꼬챙이까지도 붙여 본 것은 기왕의 큐비스트, 피카소, 브라크들이 이미 실험한 일들이 아니었던가?

쉬르의 달리 같은 화가도 물감 병 속에 곤충 또는 개구리를 잡아 넣었다가 쏟아 가지고 그 자연적으로 이루어지는 형태를 그대로 캔버스 일부에 이용했었으니, 오늘 이 앵포르멜들이 시도하는 일들이 새로운 발견이라고는 할 수 없다.

큐비즘 이후 아프스트레, 쉬르가 주동이 되어 오늘의 다양한 이즘의 조류를 이루었으나 아프스트레, 피귀라티프 하던 것이 피귀라티프, 농-피귀라티프로 변하고, 다시 흐뭇지 않아 앵포르멜, 농-시니피에Non-Signifié 해보는 것이 오늘의 회화의 이즘인 것 같다. 그러면 누가 이 모든 조류를 능가할 수 있는 새로운 것을 발견하느냐는 오늘날 하나의 흥미로운 과제이다.

'달' '별' '꽃나무' '여인' '정물' 등의 화제畵題 대신 '어디' '이것' '보라빛 기호' '흰빛으로 이루어진 작품' 또는 '하늘에서처럼 땅 위에' '공간' 등등으로 바꾸었을 뿐이다.

창조의 일은 언제나 새로운 발견이다. 새로운 것이라 생각하고 해놓고 보면, 누군가가 이미 한 일일 때 무의미하게 되고 만다. 아무도 하지 않은 일, 지금까지 없었던 일을 찾아내고자 하는 데서 오늘의 예술의 다양성이 이루어지고, 또 따라서 이해부득의 불가사의한 일들이 속출하는 오늘의 창조계의 현상인 듯 싶다.

불가사의한 일들이 진실로 좋은 일, 다시 말하면 그 일에 예술성이 더해졌을 때 비로소 인정을 받을 수 있되 불가사의하고 괴이한 일로서 끝나버릴 때는 하나의 조류에 불과하게 된다.

그러나 그것은 과거의 다다이즘 같은 경우처럼 그다음에 오는 좋은 일을 위한 밑받침이 되는 수도 있기 때문에 이 지나가는 조류를 우리가 무시하지 못하는 이유가 여기 있다. 오늘의 앵포르멜이 이러한 의미로 밑받침이 될 수도 있다는 점에서 지금 물의를 일으키고 있지만 다음의 일을 기대하는 데서 그들의 흐름을 지켜보게 되는 것이다. 미술의 주류는 의연히 건전한 전통 위에서 이러한 부분적인 운동을 무시하고 흐르고 있다.

1966. 7

전위 미술의 도전

1

전위前衛란 불어佛語로 아방가르드, 즉 전위예술前衛藝術이란 말인데 아방가르드는 군대용어에서 온 말이다.

인습적인 기법技法이나 제재題材에 반항하는 혁신적인 예술 경향, 다시 말해서 새로운 시대의 첨단을 걷는 급진적인 예술정신을 뜻함이다. 따라서 전위예술이라고 할 때는 어떤 일정한 유파를 지적하는 것이 아니고 그때그때 전위적인 역할을 한 예술을 총괄해서 말하는 것이 된다. 그리고 물론 전위란 말은 예술 이외의 분야에도 정치의 전위, 과학의 전위 등으로 통용된다.

미술에 있어서 현대미술의 개념으로 볼 때는 흔히 쉬르레알리즘과 추상주의 이후 오늘에 이르는 조류를 일괄해서 아방가르드라고 부르게 되는데, 이것은 금세기에 들어 불란서[프랑스] 파리가 세계 미술의 중심지 역할을 하게 됨에 따라, 특히 제1차 세계대전 후 이 두 개의 주의主義가 파리의 미술계에서 전위적인 창작의 일을 한 데서 오는 것이다.

그런데 이 쉬르레알리즘은 대전 후 1920년대에 유럽 여러

지역에서 일어났던 미술과 문학상의 항거운동인 다다이즘이 그 원동력이 되었던 것이다.

1929년 2월, 루마니아의 시인 트리스탄 차라 외 몇 사람이 라루스 사전에서 우연히 다다라는 말을 발견하고 그들 전위운동의 호칭으로 삼았던 것이 당시 유럽의 여기저기에 유행하게 되었다.

이 다다이스트들은 일체의 기성의 예술형식과 전통을 부정하고 파괴해서 불합리 또는 비이성적인 것, 비도덕적인 것을 찬미하고 환상적인 것, 상징적인 것, 풍자적인 것을 무정형無定形 또는 기계 형태적으로 구성해 나갔다. 이들은 작품으로 전람회를 여는 동시에 성명서와 선언서를 발표하는 기관지도 간행하였다.

이러한 다다이스트들의 운동은 독일에서는 1920년대까지, 불란서[프랑스]에서는 1922년대까지 계속되었으며, 이 운동에 참가했던 대표적인 화가들은 다음의 아르프, 피카비아, 만 레이, 막스 에른스트 등이다.

그러나 이들은 오래지 않아서 그들의 항거적이며 비이성적인 무의식의 예술에서 초이성적인 꿈 같은 세계의 이미지를 표현하는 예술로 전향함으로써 쉬르레알리스트들이 되어갔다.

쉬르레알리즘이란 말은 일찍이 큐비즘을 옹호하고 큐비즘을 이론적으로 이끌어 나가기까지 했던 불란서[프랑스]의 시인

기욤 아폴리네르가 1917년대에 만들어 낸 호칭이다. 시인 평론가 브르통도 『선언宣言』을 발간하고 오토마티즘自動現象과 꿈의 세계를 탐구하는 이론을 주장하였다.

쉬르레알리즘은 쉽게 말해서 초현실주의인데 정신분석의 영향을 받아 무의식과 꿈의 세계의 표현을 목적하여 이성理性의 지배를 받지 않는 공상空想의 환상적 표현에 기초를 두었던 것이다. 그리하여 가치를 가지는 그러한 것을 창조해 내려고 예술가들이 맹렬한 창작 운동을 일으켰던 것이다. 이 운동은 회화와 문학상에 그친 것이 아니고 연극·영화·건축·조각, 그리고 상업미술의 영역에까지 이르렀고 널리 유럽 각지에서 일어났다.

쉬르레알리즘의 대표적인 미술가들을 나라별로 나누어 보면 불란서[프랑스]의 앙드레 마송과 이브 탕기, 스페인의 미로와 달리, 독일의 막스 에른스트를 들 수 있으나 이들은 모두 파리의 미술계에서 운동을 계속했다.

1925년 제1회 쉬르레알리즘 미술전이 파리의 피에르 화랑에서 열렸을 때 피카소도 이 운동에 참가하여 작품을 출품했다.

피카소가 쉬르레알리즘의 영향 아래 제작하였던 시기는 1925년에서 1929년까지 계속되었다. 이 시기의 대표적인 작품으로 1926년작 〈기타〉를 우리는 기억한다. 마대 같은 헝겊 조각 위 한 쪽에 구멍을 뚫고 몇 개의 못을 박아 노끈을 건네어서

캔버스 위에 신문조각과 함께 붙여 놓았다. 이것은 피카소의 상상의 악기였다.

이보다 한 해 앞선 1925년작인 〈라 단스〉는 피카소의 가장 아름다운 작품 중의 하나이며 거기 나타난 피카소의 풍요한 상상의 세계는 그가 뒤따른 몇 해 동안의 작품들에 쉬르의 영향을 받아들일 가능성을 보여 준 것이라고들 하였다. 사실 1926년 작인 〈라트리에 드 라 모디스트〉는 〈라 단스〉의 싱싱하게 빛나는 화면에 비하여 조용하고 맑은 색채와 기하학적 데생이 다양한 곡선의 율동으로서 부각되어 더 한층 아름다운 환상의 세계를 보여 주고 있다.

그러나 피카소는 미로나 달리들처럼 쉬르에 탐닉하지는 않았다. 또 다른 새로운 주의의 방향으로 그의 개성이 선두에 서 있었지만, 그 주의에 주저앉지는 않았다. 그러기에 피카소의 일에는 그의 지론대로 파괴와 발견이 있으며 오늘에 의연히 자신의 세계에서 전위의 일을 계속하고 있는 것이다.

미로와 달리는 현재 살아 있는 쉬르의 거장들이다. 피카소와 함께 스페인 태생의 3거두巨頭가 되는 것도 흥미 있는 사실이다. 사람은 기후와 풍토를 탄다고 하지만 스페인의 메마르면서도 아름다운 풍광과 작열하는 안달루시아 태양과 투우사의 전통이 예술적인 재능과 정열을 부여한 듯싶은 세 사람의 예술가들이다. 미로는 1919년 처음으로 파리에 나와 피카소를 만

났고 1921년에는 큐비즘의 영향을 받은 일련의 작품들로 개인전을 열었다. 1925년에는 막스 에른스트와 함께 러시아 발레의 의상衣裳을 고안하고 무대장치도 담당하였다. 1932년에는 몬테카를로에서 러시아 발레의 의상과 무대장치로서 그의 재능을 인정받았으며 1947년에 미국에 건너가 미국의 전위 미술에 기여한 바가 크다.

미로의 예술은 순수한 형태와 색채의 조화로써 원시적 환상에 조형성造形性을 주는 것이다.

달리는 미로보다도 훨씬 늦게 1928년대에 파리에 나와 피카소와 쉬르레알리스트들과 만났다. 달리의 예술은 비합리적인 이상異常한 환각을 객관적으로 또 사실적으로 표현하여 내는 것이었는데, 점차로 편집광적偏執狂的인 착란과 분열로 향하여 변형되어갔으며 꿈과 잠재의식의 물체화에는 미국에 건너가 정주하다가 뉴욕의 근대미술관에서 대 개인전大個人展을 열었고 자서전自敍傳을 발간했으며 또 다음으로 남이 하지 않는 새로운 일(다소 괴상한)을 하여 세계의 이목을 아연케 하는 것이 달리의 천성인 듯 우리에게 인식되고 있다. 달리의 작품 판매로는 주로 미국이며, 미국에서 활동을 계속하여 미국의 상업미술에 큰 영향을 미쳤다.

2

20세기에 들어 제1차 세계대전 직전부터 대전을 통해서, 그리고 전후 계속하여 오늘에 이르기까지 금세기 예술 사조의 주류를 이룬 것은 이 추상이라는 표현의 방법이었다.

큐비즘에 의해서 처음으로 조직적으로 탐구된 추상의 관념은 금세기의 모든 예술 활동 속에 침투되어 다양성을 지닌 주의와 활동을 전개해 갔다.

그 주요한 것의 예를 들면 들로네 등의 오르피즘(1911)은 추상적인 형태와 색채를 율동적으로 구성하여 음악적 리듬과 구도를 표현한 것이었고, 몬드리안 등의 데 스틸(1961)은 순 기하학적 추상주의 운동이었으며, 공업디자인과 상업미술 등에 큰 영향을 미친 것이었다. 여기 독일 바이마르의 바우하우스 운동을 덧붙여야 할 것이고 1920년대에 일어났던 쉬르레알리즘에도 추상주의가 기술상의 영향을 미쳤던 사실도 첨부하여야 할 것이다.

1930년대 이르러서도 몬드리안, 들로네, 칸딘스키가 합쳐져 추상-창조의 그룹이 결성되어 활발한 운동을 전개했는데 제2차 세계대전이 발발했다. 이들은 이미 『농-피귀라티프非具象』라는 기관지를 발간했었다.

칸딘스키는 러시아 태생이었지만 독일에 와서 바우하우스

의 교수로 있는 동안 나치스에게 퇴폐예술가의 한 사람으로 지목되어 작품 57점을 몰수당한 사실이 있었다. 칸딘스키의 추상회화이론은 "회화란 음악과 함께 순수한 표현이 아니어서는 안 된다."는 예술에 있어서의 정신적인 것을 강조함으로써 20세기 회화에 끼친 영향이 큰 작가이다.

추상조각의 전위작가 브랑쿠시와 무어를 비교하여 볼 때 브랑쿠시는 형체를 추상적으로 철저하게 단순화시켜 완전한 비구상非具象을 만들었고, 무어는 납鉛이나 목재의 형태에다 철사를 붙이는 일을 최초로 시작한 아방가르드 조각가이다. 무어가 아르프의 영향을 받았음은 물론이다.

전쟁은 인류에게 공포와 기아와 고독과 비애를 가져다 주었다. 견딜 수 없는 분노를 자아내기도 했다. 예술가들은 묵묵히 전쟁의 쓰라림을 견디어 갔으나 전쟁이 끝난 후 절망에 뒤이어 항거의 정신이 분노의 불길을 부채질하였다. 특히 전쟁 중에 소년기를 지낸 청년들, 젊은 세대들이 전후에 느낀 것은 한층 강렬한 항거의 정신이었으며 따라서 각계에 전후파戰後派라는 새로운 사조가 생겨났다.

문학에는 실존주의가 거센 바람을 일으켰다. 파리의 생제르망 데프레 가街에서는 사르트르를 중심으로 하는 실존주의의 젊은 세대들이 열을 올렸고 카뮈의 글이 새로운 생텍쥐베리라고 추켜올려지면서 인기를 끌었다.

미술에 있어서 제1차 대전 후 수많은 주의가 다채로운 혁명 운동을 일으켰던 것에 비해 제2차 대전 후에는 아무런 주의도 생겨나지 않았으나 그 대신 각기 다른 조형예술의 시도가 실험되었다.

종전 직후 에콜 드 파리巴里派에 도전하여 참신한 의도와 세련된 감각으로 출발한 살롱 드 메Salon de Mai의 그룹전이 얼마 동안 전위의 행세를 하였으나 전후 유럽에 울적한 반항의 정신을 흐뭇하게 채워 주지는 못했다. 살롱 드 메와 거의 동시에 오늘의 앵포르멜의 원류源流를 이룬 뒤뷔페, 포트리에들의 전쟁의 체험에서 온 실험들이 암담한 생활 속에 살던 예술가들에게 이상한 감동을 주었던 것은 당연한 현상이었다.

앵포르멜을 이론적으로 지지해 온 미술평론가 미셸 타피에는 앵포르멜의 일을 가리켜 전통적 기교도 모더니즘의 방법도 아닌 전혀 다른 새로운 그 무엇이 있다고 하여 안티 휴머니즘이라는 말을 사용하였고, 뒤뷔페의 일을 도발적인 색채와 난폭한 터치로써 그려진, 악의에 찬 인간의 희화戲畵의 '반인간적 표정' 속에 격렬한 금욕의 의지와 마술적인 '그 무엇'이 있다고 지적하였다.

사실 뒤뷔페의 초기의 작품들을 보면 무참하게 전화戰禍를 입은 담벼락 같은 것 위에 무심코 그려진 동화童畵와도 같은 그림들이 그냥 우리에게 전쟁의 체험을 상기시키며 처절한 숙명

같은 것을 느끼게 하는 것이다.

앵포르멜의 또 한 사람의 예언자인 시인 화가 앙리 미쇼는 원시인의 동굴 속의 그림과 같은 데생과 유화만을 그려왔는데, 그가 전쟁 중에 썼던 시의 내용들과 같이 그것들을 들여다볼 때 그야말로 그들의 용어인 계시啓示니 악마적이니 하는 반인간적 요소들이 실감된다.

운명의 담벼락 속에서 질식할 시간이 다가오는 최후의 순간까지도 살아 있는 의식은 온갖 외부의 불안과 부조리에 귀를 기울이고 있어야 하는 그 고뇌의 인간은 다른 사람 아닌 자기 자신의 모습이었다. 그것은 그대로 그가 체험한 전쟁중의 자기 자신이었을 것이다. 그러나 그는 이 비정하고 잔인한 세계 속에 불가사의의 투명한 시詩의 세계를 만들어 내는 데에 성공하고 있다.

앵포르멜의 원류를 이룬 뒤뷔페는 하나의 새로운 미학美學을 제시했으나 타피에, 미쇼들은 다다이즘 이후의 예술상의 모험이 언제나 반인간적이었다는 것을 강조하면서 생生의 원형 같은 것을 탐구해 갔다. 다다의 반미학적反美學的 파괴 행위에서 자발적 정신과 물체와의 교류를 중시하는 것으로서 앵포르멜 운동의 독특한 성격을 만들어 갔다.

용수철같이 예리한 단면을 가진 마티에르라든가 모자이크처럼 견고한 공간의 조성이나 압도하는 물질의 덩어리가 약동

하는 생명력과 결부된 것이라든지, 때로는 꽃잎과도 같이 아름다운 원색의 덩어리들, 이러한 앵포르멜 유파의 화파畵派 앞에서 우리는 무관심할 수는 없다.

시니피앙 드 앵포르멜Signifiant d'Informel을 주장하는 마티유의, 다시 정형화될 수 없는 기호성記號性의 문제는 거절拒絶에 충만한 정신의 궤도를 그려 가는 선線이라고 하나, 그것은 민활한 선의 오토마티즘으로 그려지는 깔리그라피즘Calligraphisme이라고 할 수밖에 없을 것이다.

오늘날 앵프르멜 운동은 세계적으로 일어나고 있지만 원류가 유럽에서 발생했고 파리에서 이론이 시비 되었던 만큼 이 운동은 너무나 불란서[프랑스]적이며 서구적이라고 할 수가 있다. 따라서 후진국에서 그대로 받아들이기에는 무리가 있다.

파리의 세느 가街, 좁은 거리의 한가운데쯤 스타들레라는 화랑이 있다. 화랑에 들어서면 첫 방 한편에 S자형의 쇠붙이 조각이 서있고 대폭의 시꺼먼 빛깔의 그림들이 두세 폭 내지는 서너 폭이 걸려 있다. 층계 하나를 올라 다음 방에 들어서면 여기는 흑색보다는 좀 더 다른 빛깔들이 섞여 있는 역시 커다란 그림들이 두세 폭 걸려 있다. 다시 두어 층의 층계를 올라 제3실에 이르면 여기는 그냥 시뻘건 원색이 뻘겋게 타고 있다. 벽면을 가로 채우다시피 한 큰 그림이 형태 없이 빛깔만이 흡사 유사이전有史以前 같은 분위기를 조성하고 있다. 조명까지도 붉게

비쳐 온통 방의 분위기가 어쩌다 잘못 발을 들여놓은 것 같은 불안감을 주어 얼른 되돌아 나오게 한다. 걸어 들어온 제2실, 제1실을 지나 나올 때는 그 시꺼먼 질식할 것 같은 그림들이 분위기 속에서 숨을 죽이며 총총걸음으로 뛰다시피 화랑의 유리문을 밀고 거리로 나왔다.

다시는 이 화랑의 문을 밀지 않으려고 마음먹지만, 며칠이 지나고 달포가 지나 이 거리를 다시 지나게 될 때는 저 안에 또 무슨 요술이 걸려 있는가 싶어 슬며시 유리문을 다시 밀게 된다. 이것이 1957년, 58년대의 파리 미술계의 일우一隅에서 일어나고 있던 앵포르멜 운동의 본거지 상황이었다.

아펠, 모레니, 아카르디 등의 앵포르멜파派 화가들의 작품이 갤러리 스타들레에서 취급되고 있었다.

샹젤리제 뒷거리를 콩코드 광장을 좀 더 지나서 내려가면 생 또노레 가街에 새로 개랑開廊한지 얼마 안 되는 깨끗한 큰 규모의 화랑이 하나 있다. 갤러리 앙테르나쇼날 다아르 콘탕보랑(국제 현대미술 화랑이란 뜻)이란 문패가 걸려 있다.

마티유, 기에트, 콩파르, 모레니 들의 작품을 진열하고 매매하는 화랑이다. 지구의 표피表皮와도 같고, 화산의 분화구와도 같고 지적도와도 같은 작품들, 나무와 돌과 시멘트로 구성된 조각들, 태고太古와 같기도 하고 달나라의 땅 위같이 상상되는 인간 부재의 에스파스가 주는 세계는 앵포르멜보다는 숨 가쁘지

않아 여유가 있었다.

에콜 드 파리의 전통을 지닌 전위화랑前衛畵廊으로서 갤러리 불란서[프랑스]가 있다.

마네시에, 아르퉁, 자우키, 뮈직, 질레 등 추상의 전위들의 작품을 취급하고 있다.

3

구상具象의 전위前衛

미술사상에 있어서 전무후무한 금세기의 거장 피카소는 항상 모든 주의主義의 전위에 서 있었다고 했다. 그러한 피카소는 추상에 빠지지 않았고 가장 오랜 기간 쉬르의 기법을 사용했으나 쉬르레알리스트 대열에는 끼지 않았다.

그의 휴머니즘은 그의 압도적인 재능에도 불구하고 반인간주의, 인간 부재의 세계에 만족할 수 없었던 것이다. 전쟁을 증오하고 평화를 사랑하는 피카소의 에스프리는 〈게르니카〉 〈전쟁과 평화〉 같은 어디까지나 시각으로 볼 수 있는 구상具象의 세계로서 표현되고 말았다.

더러 허물없는 친구가 있어 왜 추상을 안 하느냐고 물으면 아직도 지구상에는 구상으로 표현하고 싶은 많은 아름다운 것들이 있다고 대답한다는 피카소, 금세기의 전반을, 아니 피카

소에게 있어서는 평생을 쉴 사이 없이 새로운 미술의 발견을 위하여 앞장서 왔던 그의 만년의 일들은 여전히 언제 보아도 어제의 일이 아닌 새로운 일인 것이다.

제2차 세계대전 후 문학에 있어서 실존주의가 발랄하게 꽃피웠을 무렵, 미술에 있어서 파격적 스틸을 들고 등장한 구상의 전위는 당시 30미만의 청년이었던 베르나르 뷔페이다.

전쟁이라는 증오할 역사 때문에 즐거워야 할 소년기를 고독과 빈곤 속에서 보낸 뷔페의 에스프리와 재능은 일체의 관념과 기법을 무시하고 새까만 송곳 같은 예리한 선으로써 전쟁에 시달린 사람들의 메마른 모습을 그려 갔다.

색채도 없고 마티에르도 없이 새까만 선의 데생만으로 이루어진 뷔페의 그림들, 어쩌다 약간의 노란빛이 악센트처럼 묻혀 있을 뿐인 메마르고 서글픈 그림들은 처음에 사람들이 이해하지 못했으나 차츰 전쟁을 체험한 사람들의 감정을 움직이기 시작했고, 대담한 뷔페의 아류亞流들이 생겨났다. 1947, 48, 49년대의 뷔페의 그림들은 그 당시 구상具象의 전위前衛에 서 있었던 것이다.

전위 조각前衛彫刻

조각이라면 미술의 시초부터 소재는 돌이었다. 고대 이집트

와 인도, 그리스와 로마에서 융성하였던 조각의 일들은 대리석이 아니면 화강암이 소재였으며, 그다음으로 목재와 브론즈가 생겨났던 것인데 현대에 와서 미술의 주의가 변함에 따라 조각도 변모하였고 마침내 아르프, 브랑쿠시, 무어들의 아방가르드의 일이 시작되었다.

무어, 채드윅, 아르미타쥬 등 영국 출신의 조각가들이 단연 전위적이며 우수하였다. 미켈란젤로와 다빈치의 전통을 지닌 이탈리아의 조각도 마리니, 파치니 들의 우수한 조각가를 냈으나 현대는 채드윅, 아르미타쥬 들의 영국의 젊은 전위들에게 더 공명되는 것 같다.

채드윅의 〈내부의 눈〉, 〈바위〉, 〈불화不和〉 등은 요술 같은 유동체를 선인장처럼 뾰족하게, 때로는 괴상한 모양의 박쥐가 아니면 화석과도 같은 형태로 불가사의하게 구성하여 공간에 세워 결구結構의 균형을 잡아 놓았다. 비행사였던 과거의 직업이 공간의 구성을 용이하게 만드는 기술을 그에게 습득시켰으며 카르데와 같은 움직이는 오브제와 유사하면서도 그 뾰족한 다리로 안전하게 서 있는 것이다.

아르미타쥬는 1916년생의 젊은 작가이다. 1951년 작인 〈앉아서 음악을 듣는 사람들〉, 〈옆으로 누워 있는 상像〉 등의 일련의 작품들은 마치 오늘날의 앵포르멜을 예견하는 거와 같다고들 했다. 군상群像이긴 하되 몸이 한 덩어리로 붙어 박쥐의 날개

를 편 것 같고, 병풍을 두른 것과도 같은 그 위의 곳곳에 두부頭部인 듯 짐작되는 돌기突起가 있고, 가슴과 동체를 구별할 수 없는 채 다리들만이 돌기 되어 있는 〈음악 감상의 군상〉은 하나의 세계로 완전히 융화되어 도취된 분위기를 느끼게 하였다.

머리와 목과 팔다리와 그리고 여성의 경우 가슴을 돌기 시켰을 뿐, 나머지는 한 덩어리로 만들어 둥글거나 길쭉하거나 네모지게 한 것이 어떻게 보면 기성의 조각 관념을 반대로 해놓은 거와도 같은데 유머가 있고 대담한 창의성이 보였다.

1958년 우연히 파리의 현대미술관에서 아르미타쥬의 조각전과 거기 따른 여러 점의 데생을 보게 되었던 다행을 지금 즐겁게 추억한다.

파리의 화상畵商들

오늘의 세계 미술은 아직도 불란서[프랑스] 파리가 주도권을 잡고 있는 것이 사실이다. 세계 미술가의 대부분이 파리에 집결하여 있고 미술가들의 활동이 파리를 중심으로 움직이고 있다. 미술가의 활동이란, 예술이 완전히 상품화 되어 있는 오늘날, 그대로 그것이 화상畵商의 활동이라고 해도 과언이 아닐 것이다. 파리는 예술의 도매상이고 외국의 소상인들은 파리에 와서 도매로 사다가 본국에 가서 소매하는 것이 오늘의 화상계畵商界이다.

파리에 있으면 세계 각국의 화상들이 철따라 찾아든다. 장사될 만한 미술가를 물색하려고 해서이다. 따라서 미술가들이 파리에 모여들게 되는 것이다.

1957년에 파리에 현존하는 미술가들의 수는 십만을 헤아린다고 했다. 세계에서 모여드는 화가 중에서 미국인이 가장 많고 그다음이 일본인이라고 했다. 1957년대부터 미국 화가들의 그림을 취급하는 화상이 생겨나는 것을 보았다. 샹젤리제 뒷거리 리브 드로와트 화랑에서는 폴록을 중심으로 미국 출신의 화가들의 작품이 진열되어 매매되곤 하였다.

폴록은 잠시 나중으로 밀고, 미국 출신 화가들을 살펴보면 창작을 너무 안이하게 생각하며 취급하는 것 같았다. 피카소, 쉬르레알리즘, 칸딘스키, 클레 등의 영향을 그대로 쉽게 복제하고 있는 듯싶었다. 심지어는 성조기星條旗를 그대로 그려 놓고 추상이라고 하는 것도 있었다. 이러한 그림들이 여기 리브 드로와트 화랑뿐이 아닌, 파리에서 헤아리는 대화랑에서도 취급되는 것을 볼 때 아연했으나 이것이 상품화된 예술이 미국의 투자로 거둬들여지는 현상이 아닌가 싶다.

미국의 악시옹 빼뛰르Action Peinture

미국의 악시옹 빼뛰르Action Painting 行動繪畵[액션 페인팅]의 원조

元祖는 독일 출신의 한스 호프만과 미국 와이오밍주 출신의 폴록이다.

호프만은 파리에서 포비즘·큐비즘의 세례를 받고 마티스의 색채와 순수회화 사상을 받은 다음 근래에 와서 앵포르멜 운동에도 가담한 화가이며 그의 악시옹 빼뛰르의 이론은 색채 그 자체가 포름을 조성하고, 화면畵面에 생기를 주는 상상력의 자유를 누리고자 탐구한 자취가 발견된 것이라고 한다. 이 호프만이 미국에 건너가서 캘리포니아 대학에서 하계 강좌夏季講座를 열다가 뉴욕에 와서 미술학교를 주재하게 되어 수많은 미국의 젊은 미술학도들에게 악시옹 빼뛰르의 원리를 습득시킨 모양이다. 악시옹 빼뛰르란 채색으로 그리는 게 아니고 채색을 들고 다니며 행동해서 나타나는 효과를 포착하는 것이다.

폴록은 평론가들이 절정의 7년 간이라고 부른 1946년에서 1953년 사이에 분화구와 같은 일을 했다고 한다. 그는 새와 늑대, 괴물, 고뇌의 인간상들의 영상 등 일련의 그림들을 만들다가 화가畵架를 버리고 대폭의 화포를 바닥에 깔고, 숫제 물통을 들고 화포의 주위를 뛰어다니면서 채색의 덩어리를 던져 빛깔이 흐르고 뭉치고 튀고 한 그 효과를 잡아냈다. 이러한 새로운 발견이 단순한 미국인들에게 호응을 얻게 되는 요소가 되었다.

그러나 이것은 이미 쉬르의 거장 달리가 잉크병에 개구리나 곤충을 잡아넣었다가 화포에 쏟아 그 생물들의 움직임에 포름

을 얻었던 기법과 대동소이한 것이다.

제2차 대전은 유럽과 미국에 전혀 상반되는 현상을 가져왔다. 유럽에 있어서 전쟁은 전통과 문명의 종말이며 인간이 막다른 골목에 도달한 극한 상태이었으나 미국은 문명과 인간의 공동 유대에 대한 신뢰의 시대였다. 미술에서 후진적 위치에 놓여 있던 미국은 비로소 유럽 현대미술에 가담할 수 있었다. 파리의 전쟁 망명 예술가 등을 받아들였던 것만 해도 미국 미술계의 플러스는 큰 것이었다. 1939년, 41년대에는 달리, 에른스트, 마송, 탕기, 샤갈에 또 이론의 지도자 브르통까지 도미渡美하여 드디어 뉴욕에서 국제 쉬르레알리즘전展이 열리는 등, 미국에는 소위 모던 아트가 탄생할 가능성의 기회가 온 것이었다. 이때 드 쿠닝은 30대였으나 폴록은 20대의 청년이었다.

이들은 쉬르에 감동했으나 미국의 사회는 쉬르를 받아들이기엔 이질적인 것이 있어 쉬르는 자라지 못했고 달리도 이내 매력을 상실하고 차라리 에른스트, 칸딘스키, 그리고 나중에는 미로의 육체와 생명력에 근원한 선명한 기호에 이끌리었다. 결국은 이렇게 해서 사람에 따라 뉴욕의 악시옹 뻰뛰르의 원류를 미로로 보는 파도 생기게 된 것이다. 폴록은 마치 미국의 소년 배우 제임스 딘처럼 자동차 사고로 고인이 되었으나 작고하기 직전의 작품에는 이미 생명력의 이완이 보였고 자기 환멸이 엿보였다고 한다.

악시옹 뺑뛰르의 역수입

불란서[프랑스]인 마티유는 폴록이 신작新作을 발표할 때마다 작품 사진이 실린 미국의 모든 잡지를 모조리 구해가지고 들여다보고 연구하기를 거듭하더니 마침내 엄격한 얼굴을 하면서 무장을 하고 관중 앞에 나타나 채색을 화포畵布에 내던져 전투의 장면이라는 것을 그리기 시작하였다는 일화가 있다.

앙드레 말로가 마티유의 이러한 그림을 가리켜 '서양의 서예書藝' 라고 했다는 기사를 읽고 이때처럼 교묘하게 여러 가지로 표현할 수 있다는 불어의 편리성을 실감 있게 느낀 때는 일찍이 없었던 것 같다. 이러한 폴록의 그림이야말로 서양의 글씨 같은 칼리그라피즘 위에 쓴 샹젤리제의 뒷거리 리브 드로와트 화랑에서 화상畵商들의 화제 속에 있었던 것을 기억한다. 누가 말한 것처럼 폴록의 뒤를 이으려는 마티유 같은 전위 예술의 영웅들이 현대 예술의 착오의 중심일지도 모른다.

서울의 전위 미술

서울의 미술은 미국의 후진적인 위치보다도 더 요원한 곳에 있었다. 황금 같은 20세기의 3분의 1 이상을 일본에 가로막혀 태동조차도 못 했다가 1946년 비로소 서울 고유의 미술교육이

시작되었던 것을 기억한다. 여기 종사했던 기성 예술가들이란 우리가 신용할 수 없는 것이 90퍼센트라고 해야 옳을 것이다. 기성 미술인의 극소수가 동경 유학에서 얻은 미술의 이론과 기법이었고, 그것은 동경이 유럽에서 얻어온 복제複製의 재판, 삼판이기도 했다.

1945년 후 미국이 전후戰後의 유럽에서 받아들인 복제판의 재판을 다시 서울에서 받아들였고, 1945년 이후 유럽에서의 직수입이란 15년 남짓한 세월이라. 세계의 조류는 속도가 급해졌으나 오히려 수입의 조류는 속도도 느렸거니와 질서도 잡히지 않은 채 아카데미즘조차 완전히 받아들이지 못했고 소화하지 못하고 있는 현상이다.

앵포르멜 이전의 쉬르니 다다니 추상이나 큐비즘조차도 서울의 미술계는 체험하지 못한 것이 아니었던가. 오늘 미술학교 1학년생이 앵포르멜이 가능하다는 것을 어느 천재의 기성 화가가 지도할 수 있었던지 경탄해 마지않는다.

앵포르멜은 서울에 있어서는 미술에 전위가 될 수 없는 것이다. 서울에서도 앵포르멜 운동이 있는 것은 좋으나 서울의 젊은 미술 세대들이 모조리 앵포르멜 운동에 참가한다는 것은 올림픽이 아닌 이상 흥미 있는 일은 아닐 것이다. 파리에서조차 30세 미만의 젊은 미술가의 국제경기는 실패하지 않았던가.

1964

어디서 무엇이 되어 다시 만나랴

김환기 에세이 개정판

지은이 김환기

발행일 초판1쇄 2024년 11월 11일
초판2쇄 2025년 6월 1일

발행처 (재)환기재단

발행인 (재)환기재단

기획/진행 환기미술관

디자인 아트퍼블리케이션 디자인 고흐

주 소 서울시 종로구 자하문로 40길 63

전 화 02 - 391 - 7701

팩 스 02 - 391 - 7703

홈페이지 www.whankimuseum.org

ISBN 978-89-92716-54-3

1950년대

산처기山妻記

아내는 내가 술을 마시든 게으름을 피우든 아무 소리가 없다. 돈을 못 벌어오는 데도 아무 소리가 없다. 먹을 것이 있든 없든 항상 명랑하고 깨끗하다. 아내는 능금을 좋아하는데 궤짝으로 사다 두고 먹여 본 적이 없다. 과용하고 돌아오는 길, 가다가 몇 알 사들고 와서 손에 쥐어 주면 그만 어린애같이 좋아한다. 나는 아내가 능금을 움푹움푹 맛있게 먹는 모습을 보는 게 좋다.

아내는 소설을 쓰고 싶은 모양인데 나 때문에 쓰지 못하는 것을 나는 잘 안다. 나는 참 아내를 혹사시킨 것이다. 소설을 못 써도 아내는 불평이 없다. 나는 아내에게 하숙하고 있는 셈이다. 사는 게 하나에서 끝까지 아내가 움직여야 하니 소설을 써낼 재주는 없을 것이다. 틈틈이 수첩에 무얼 열심히 기록하고 있는 것을 보면 미안해지는 때도 있다. 가다가 세상이 귀찮고 그림을 못 그릴 때면 나는 부지중 아내에게 신경질을 부린다. 그럴 때면 차값을 주어 내보내든지 술을 사 들고 와서 한잔 권할 때도 있다.

나는 곧잘 아내를 상대로 인생론·미술론을 편다.

아내는 낙천가이다. 아내는 도스토예프스키와 피카소를 존경한다. 도스토예프스키는 나보다 아내가 더 잘 알고 피카소는 내가 더 잘 안다. 그러나 내가 도스토예프스키를 이해하는 정도보다 아내가 피카소를 이해하는 정도가 훨씬 위이다. 아내는 피카소를 일러 '안하무인眼下無人의 화가'라고 한다.

아내는 미술 감상에 있어서도 아주 제법이다. 한번 구라파에 다녀오면 미술 평론을 해보고 싶단다. 이는 건방진 소리여서 대꾸도 하지 않으나 수년 전부터 아내는 자꾸만 불란서[프랑스]에 가자고 한다. 한번은 술 마시고 돌아와서 "나 파리에 간다, 너도 데리고 가지"라고 한 적이 있은 후부터 아내는 불어 공부를 시작하고 있지 않은가. 피난 올 때도 불어책만은 가지고 온 모양이다. 아내는 쓰임새(쓸 것도 없지만)나 인정에 헤픈 사람이다. 나는 이걸 나무라면서도 은근히 미덕이라 생각한다.

아내는 나 못지않게 도자기며 목공예들의 고완품古翫品을 좋아한다. 그래서 우리들은 모든 가산을 팔아서 골동을 사들였다. 도자기라든지 목물木物이라든지 그 우수성이란 곧 '미美'이겠는데 아내는 이 미를 곧잘 알아냈고 애완했다. 우리들의 때가 묻은 그 수많은 애장품愛藏品도 다 버리고 서울을 떠났다. 아내는 곧잘 체념해 버린다. 이따금 생각이 나서 "아, 그 항아리는, 그 문갑은" 할 때마다 "그까짓 것 아직도 안 잊었느냐"고 한다.

아내에겐 절박 상태가 없다. 입을 것이 없어도 내일 아침거리

가 없어도 잊은 듯이 잠잔다.

뒷산에 대포알이 펑펑 쏟아져도, 이웃집이 무너지고 불이 붙는데도 태연함을 보였다.

나는 산만한데 아내는 치밀하다. 나는 격하기 쉬운 사람인데 아내는 냉정하다. 그래서 나는 어려운 일이 있을 땐 아내와 의논을 하면 얻는 것이 있다.

아내는 여행을 좋아하나 한번 데리고 여행을 나가 본 적이 없다. 여기 부산까지 온 김에 경주나 함께 가주고 싶으나 생각뿐이고 해운대나 동래로 가 하루쯤 푹 쉬게 해주고 싶으나 그것 역시 되지 않고 들르면 또 난장판이라니 기분도 나지 않는다. 세상이 좀 좋아지면 나도 여행을 하고 싶다. 그땐 아내를 앞세우고 그림 여행을 자주 할 작정이다.

어찌 됐든, 밉든 곱든 간에 우리들은 반생을 강아지처럼 살아왔다. 숭늉을 들고 온 아내의 손을 보면 옛날의 손이 아니다. 얼굴엔 주름살까지 보인다. 나도 작금년부터서는 머리가 희끗희끗해진다. 우리도 늙어가나 보다. 노부부가 그림을 그리고, 소설을 쓰고, 다소 센치해진다. 여기까지 쓰고 나서 아내에게 보였더니 퇴박을 맞았다. 왈, 범부의 담이라고. 듣고 보니 그렇기도 하다. 나는 생활에 있어서나 그림에 있어서나 아내의 비판을 정직하게 듣는다.

「신천지」, 1952. 3

파리에 보내는 편지

-중업 형에게

벼르다가 붓을 들었소. 그것도 항공 편으로 띄우는 것이 아니라 『신천지新天地』 지상에 부치는 것이오.

지금(1953년 5월 6일 밤) 나는 술을 하고 들어왔소. 비가 내리는 밤이오. 물론 석유불 밑에서 이 글을 쓰오. 특선제 전기가 없거나 그렇잖으면 그림 그리는 사람에게 특선을 주는 그러한 세상은 언제나 올까요? 가도 가도 깜깜하기만 하오.

오늘 밤 좋은 친구들과 막걸리 추렴을 하고 왔소. 회비가 50환인데, 참 그전 50원圓으로 알아서는 안 되오. 1백 대 1로 통화개혁이 되었거든. 그러니 지금 돈 50환이 그전 돈 5천 원인 셈이지. 이 회비 50환으로 우리는 노래도 부르고 춤도 추고 틀려먹은 놈 욕도 할 수가 있소.

잡문 팔아 시를 팔아 컷을 팔아 50환의 막걸리 추렴- 이 나라의 40대 예술가는 얼마나 고풍한 곡마단들이겠소.

막걸리 한 되에 60환, 명태 한 마리에 20환, 참고삼아 알려드리오. 차는 30환인데 지금은 '금강'으로 몰리지 않고 '르네상스'로 몰리나 봅디다. 이런 현상은 무슨 이유가 있어서가 아

니라 봄이 오자 어지간히 '금강'에 권태가 왔고 신장한 '르네상스'에선 자주 미전이 있고 해서 아마 이리로 몰리게 되나 봅니다. 청구서림 바로 앞입니다. 줄곧 개인전이 있는데 지금 정규鄭圭씨가 소품전을 하고 있소.

생각하면 참 미술가처럼 악착같은 존재는 없는 것 같소. 이런 상황에서 그림을 그린다는 건 참 지독하거든. 만사가 그림을 할 수 없도록만 되어 있는 현실 여건에서 그래도 그림을 해 나가는 걸 보면 뭐라 할까 정말 지독한 친구들이오.

예술과 싸운다거나 희생한다는 얘기, 많이 듣기도 했고 또 책 속에서도 많이 나오는 말이 아니겠소. 그런 것을 읽고 들을 때마다 무슨 문학적 감상이냐고 그저 그렇게 생각했던 것이오. 그런데 우리가 전쟁을 겪고 부산에 내려와 전쟁 속에서 살면서 친구들을 보고 나를 보매 그것이 문학적 감상이 아니라 우리들은 분명히 예술과 싸우고 있습니다. 우리들은 정말 예술과 싸우고 있는 것이오. 투쟁의 실감, 현실의 실감, 예술의 실감-이 얼마나 소중한 실감이 아니겠소.

코리아는 예술의 노다지올시다. 우리 민족뿐만 아니라 이제 전 세계의 예술은 그 주제가 우리 코리아에 있다는 말이오.

혹 어디고 가버리고 싶다가도 그래도 우리나라가 좋거든. 밉던 놈도 가만히 보면 불쌍해지거든. 가까운 친구가 요즘 술잔이나 하면 곧잘 통곡을 하는데 그 심경 알 것 같아.

중업 형! 나도 가볼까 은근히 생각하고 있었는데 형이 부르는 소리를 듣자 그만 마음이 바빠지는구려. 들으니 뒤피도 세상을 떠났구려. 마티스·루오·피카소·브라크, 이 거장들이 떠나기 전에 파리에 나가야 할 터인데, 8·15 후인 오늘에도 역시 파리는 멀구려. 과거나 오늘이나 우리 예술가들의 최대의 불행은 바람을 쐬지 못한 것, 그럴 기회가 없었던 것이 아닌가 하오. 우리들은 넓은 세계에 살면서도 완전히 지방인이외다. 한국의 화가일지는 몰라도 세계의 화가는 아니외다.

형의 편지 내용도 그랬지만 거기 가서 바라보는 한국과 우리들의 실력 똑똑히 보리다. 형은 참 잘되었소. 내가 가장 존경하는 형이 파리에 가 있다는 것, 생각만 해도 기쁘고 마음이 든든하오. 또한 평소에 우리들이 존경하던 코르뷔제의 공방에서 일을 하게 됐으니 얼마나 다행한 일이겠소.

기왕에도 형과 늘 얘기했지만 코르뷔제의 건축이나 정원에다 우리 이조자기를 놓고 보면 얼마나 어울리겠소. 코르뷔제의 예술이 새롭듯이 이조자기 역시 아직도 새롭거든. 우리의 고전에 속하는 공예가 아직도 현대미술의 전위에 설 수 있다는 것, 이것은 크나큰 사실입니다. 어디 이조공예에만 끌리겠소. 형도 말했지만 까마득한 고구려의 벽실壁室, 이것 역시 대단한 문제이거든. 우리들은 이러한 것을 들고 나서야 할 것 같소. 오늘의 미술은 구라파 중심이요, 미술교육까지가 구라파식인 것 같소.

구라파를 아무리 따라가 보오. 결국은 모방밖에 안 될 거 아니겠소.

우리들은 우리의 고전미술에서부터 계통적인 공부를 해야 할 것 같소. 그렇잖고 막연히 전통만 팔아서는 안 될 것 같소.

참 공부를 해야겠는데 큰일 났소. 자꾸 나이만 먹고 건강은 무진 나빠만 가고 허허 웃고 지내다가도 가슴이 뭉클해지는 때가 많소. 구라파의 대가들도 하루에 보통 12시간은 제작을 한다지요. 형도 필시는 적게 잡고 하루에 14시간은 일을 하리다. 내가 다방에 나가 앉아 있는 동안 혹은 막걸리집에 앉아 있는 동안 비행기는 동양과 서양을 왔다갔다 하는 판인데 이거 어떻게 하란 말이오.

아 툭툭 털어 버리고 파리로 떠났으면. 이날 입때 이처럼 생활의 훈련을 받았는데 파리에 간들 굶기야 하겠소. 더욱 형이 거기 있으니 든든한 생각이 드오.

형은 내 예술을 너무 과찬하셨소. 정말이지 그림에 자신이 없어졌소. 요즘 그저 다섯 시간 정도는 매일같이 일은 하고 있소마는 도무지 안 되는구려. 8호 한 폭을 가지고 3년을 두고 몸부림쳐도 끝이 나지 않소이다. 모두들 좋은 건 다 해버려서 내가 할 공백, 내가 뚫고 갈 구멍이 안 보이는구려. 지금 나는 꼭 막혀 있소. 에스프리·마티에르·테크닉·색감까지도 꼭 막혀 버렸소. 이럴 때 여행이나 했으면 뚫릴 법도 하오만은 가까운 경주

도 못 가오. 자꾸만 근시안이 되어가오. 자꾸만 시야가 좁아져가는 것 같소.

엊그제는 우연한 기회에 베르브의 마티스 작품집을 보지 않았겠소. 참 좋습디다. 눈이 번쩍 뜨이더군요. 80이 지난 그런 늙은이의 작품이 왜 그리 젊소. 마구 갈기고 짓이기고 했는데 어쩌면 그리 대담하고 하이칼라 할 수가 있겠소. 모처럼 좋은 화집을 보고 흥분도 했고 공부도 되었소. 형은 이러한 작품들을 원화原畵로 볼 수가 있으니 얼마나 행복하겠소. 이런 화집이라도 자꾸 들여오면 우리 미술가들 얼마나 좋겠소.

그런데 현재의 파리화단은 내일의 미술을 낳기 위한 진통기라 했지요. 그럴 법한 일이겠소. 특히 젊은층의 작품 소개를 보면 그러한 것이 확실히 보이더군요. 이건 파리뿐만이 아니고 전 세계적인 진통기일 것입니다. 건전하고 새로운 것이 어디 그리 쉽겠소. 요새 나온 작가로선 마르샹이 좋은 것 같은데 원화 한 폭 보지도 못하고 어디 말이 되겠소. 하여튼 나도 작품이 되면 들고 파리에 나갈 작정이오. 그 친구들과 같이 그림을 걸어 놓고 보아야 내 위치도 알 수 있을 것 같소. 이번에야 무슈 로우프에게 그림 두 폭을 보냅니다. 보낸다는 약속은 진작 했던 것이나 작품도 시원찮고 또 워낙 게을러서 실례를 하고 있다가 이번에야 보내게 될 것 같습니다. 한 폭은 형도 보셨던 〈태양과 항아리〉의 그림입니다. 그것을 다시 손대서 내 딴엔 고생하여 만

든 작품입니다. 씨로부터 받았다는 기별이 오면 내 소개장을 보내드릴 터이니 한번 가서 내 그림을 보아 주시오. 그리고 소감을 적어 보내야 하오.

암, 잘 생각했소. 가족을 데려가야 하지. 부산서 가족들이 굶고 있으리라 걱정하셨는데 그렇지 않습니다. 씩씩하게 살아가고 있답니다. 꼭 생활문제뿐만이 아니라 사람이란 어디 조국 땅에서만 살아야 되오? 그저 살기 좋은 곳이면, 마음에 든 곳이면 어디서나 사는 게 아니겠소. 외국에서 아들도 낳고 딸도 낳고 죽으면 거기 묻고 또 교육도 시키고, 우리는 좀 자유롭게 살아야 할 것 같아요. 가족을 데려갈 계획을 세우시오. 내가 할 수 있는 일은 힘이 되어 드리리다. 나도 어디를 가나 가족을 몰고 다닐 생각이오. 고향이란 딴 게 아니고 가족들이 있는 곳이 바로 고향입니다.

밤이 꽤 깊었나 보오. 이제야 막걸리가 깬 모양이오. 한번 읽어 보매 싱거운 편지가 됐소. 하기야 건축을 떠나서는 존재할 수가 없습니다. 모든 문화의 모태는 역시 건축이라고 나는 생각하오. 형은 응당 좋은 일을 할 거요. 그래서 참 기쁘고 마음 든든하오. 좀 기다려요. 우리 파리에서 만납시다. 그런데 파리의 물가도 나날이 오른다니 포도주 값도 비싸졌겠소. 다미아의 콧노래, 들어 보았소? 기가 막히지. 참 5월이니 마로니에가 한창이겠소. 생 미셸은 누구하고 거닐우. 아미는 생겼소?

소식 들으니 형의 허벅다리에 꼬집힌 시퍼런 자국이 생겼다지요. 이유를 묻고 보니 파리의 거리를 걷다가 대체 이게 꿈이 아닌가고 가끔 제 손으로 제 살을 꼬집어 본다지요. 안심해도 좋다. 꿈이 아니고 생시다- 그런다지요. 꿈에나 가볼 수 있는 파리를 형은 갔구려.

그럼 건강하시기 바랍니다.

1953년 5월 6일 밤

신인 양성이 급하다

정확히 말해서 지금 우리들 정도가(40세 전후) 신인이 아닌가 싶다. 왜 그런가 하면 우리들 다음에 오는 미술 층은 공백 지대요, 이 공백 지대 다음에 오는 미술 층은 현대 미술학교를 갓 나왔거나 재학중인 화학생畵學生들이기 때문이다. 그렇기도 하지만 코리아의 실상에 '신인'이란 지방적인 코리아의 신인이 아니라 세계적인 '신인'으로 생각하고 싶다.

지금 우리들 급이 신인이 아닌가 하는 것도 나는 꽤 에누리해서 하는 말이다. 진정 우리들이 세계적인 신인급에 못 갔을지도 모른다. 만일 그렇다면 우리 미술계는, 우리 화단은 크게 반성해야 할 일이다.

엄격히 말해서 대가도 신인도 무명도 없는 것이 우리 화단의 실정인 것이다. 대선배와 후진을 혼동해서는 안 된다. 앞으로 우리 미술은 우리급의 신인부터 시작되지 않나 싶다. 되도록이면 신인급을 나는 연령적으로 40 전후에 두고 싶다. 그러면 우리들 신인이 나오고 발견되고 배출될 수 있는 기회가 있는가? 이건 전혀 없는 형편이다.

우리는 권위 있는 발표 기관을 가져야 한다. 이러한 발표

기관 없이는 신인은 물론 미술 향상은 바라기 어려운 일이다.

국전國展의 역사가 쌓여야 하고 또한 재야단체가 연령을 쌓아야 한다. 무시로 발표 행동이 활발히 전개되고 외국과도 작품 교류가 있고 그래야만 문제와 사건을 조성하는 바탕이 이루어질 것이다.

또한 여기에 수반되는 기구한 조건이 있다. 우리 국내의 실정으론 목탄지 한 장이 생산되지 않는다. 회화 미술 제작에 따르는 재료 하나 생산되지 않는다. 전부를 외국에 의존할 수밖에 없고, 그러자니 드문드문 나오는 시장의 고귀한 재료는 사낼 재주가 없다. 실로 암담한 일이어서 이는 화가를 위한 문화대책이 없고서는 해결되지 않을 문제로 생각된다.

또 한 가지 우리는 미술 잡지 하나 없고 외국 미술 서적 한 권 볼 수가 없다. 우리의 사회적인 조건은 미술을 못하게 마련이다. 이러한 말이 안 되는 현실적 악조건에서도 미술가는 있어서 특히 우리 40 전후의 신인 화가들이 1등 공부를 하고 있는 셈이다.

의욕이 왕성하고 자신이 원만하니 참 좋다. 개인전과 동인전이 활발해서 질로나 양으로나 구차하지가 않다.

이러한 의욕과 노력이 본질적으로 지속되는 한 우리 국내의 신인 수준은 틀림없이 세계적인 신인으로 상통할 것이며 불원해서 중견급에 가지 않나 생각된다. 국전이 제1회 이후 동란

으로 인해서 중단되었으나 금년에는 속개한다 하니 우리는 다대한 기대를 갖거니와, 전람회만이 위주가 되는 것이 아니라 진정 좋은 신인을 양성할 수 있고 장려할 수 있는 기구와 운영이 있기를 바란다.

결론으로 말하면 개인전·동인전 이외의 전국적으로 권위 있는 발표 기관이 우리나라엔 없다. 이러한 기관과 기회가 있음으로 해서 신인이 배출될 것이며 화단의 척도가 생길 것이다. 8·15 해방 후 비로소 우리나라에 미술대학이 생겼던 만큼 우리는 좀 더 역사를 쌓아 나아가야 할 것으로 생각된다.

1953. 7

여름 2제二題

1. 꽃가게

부산살이 3년에 밤마다 나는 꿈을 꾸었다.
내 살던 산장 뜨락에 산삼山蔘이 나고 더덕 순이 돋고…….
이 꿈도 필시 쑥대밭이 된 서울 소식이 너무 귀에 익었던 까닭일게다.
나도 천지가 쑥대밭이 된 세상을 살았다. 하늘을 보아도 산천을 바라봐도 태양까지도 모두가 무심한 것들.
누구를 위해서가 아니라 스스로 존재한 것들.
정말 3년 만에 나 살던 서울에 돌아와서 꽃가게 있음을 나는 몰랐다.
오, 삶의 즐거움이여, 아름다움을 바라고 의식하는 진실로 사람됨이여.

2. 가로수

사람은 늙어가도 식물은 세월의 농도가 깊어갈수록 청춘의 실감 그대로 왕성하나 보다.
폐허는 이미 눈에 익고 귀에 절어 한낱 방심상태에 오락가락한다. 마음에 스며드는 것, 푸른 이파리 너울거리는 가로수의 성장이다.
폭탄과 탱크로 구멍 뚫린 벽돌집을 배경으로 가로수는 서럽도록 푸르다.
허기증에 진땀을 흘리며 그늘 속에서 종로로 나서서 여섯 자尺 두 치, 내 이마에 진록眞綠이 물들고 미풍에 오는 참외의 향취, 움푹움푹 물어뜯어 맨침을 삼켜 본다.

「평화신문」, 1952. 8

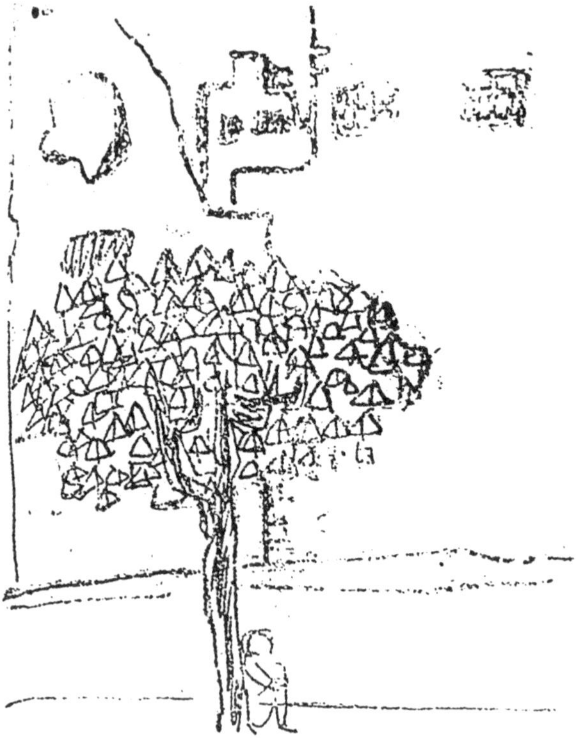

곡마단

내가 살고 있는 집 바로 위에 공지가 있어 거기에다 서커스단이 막을 쳤다. 그리고 나서 달포를 두고 밤낮으로 나팔, 꽹과리, 북을 울리는 데는 질색이었다.

그러나 때로는, 특히 술잔이나 하고 들어올 때는 이 소음 같은 멜로디가 그리 싫지가 않았고 흥까지 나는 수가 있다. 아버지와 어머니는 '곡마단'의 곡조를 따라 노래를 부르기도 했다. 황순원黃順元의 『곡예사曲藝師』를 생각하면서 우리 가족도 꼭 '곡마단'이 아닌가 생각하면서 아내더러 소주 반 되만 더 사오라고 조르곤 했다.

그 처량한 클라리넷- 그 클래식한 유행가의 멜로디- 소리에 모처럼 우리들의 아버지와 어머니는 제각기 소년과 소녀 시절을 회상하는 것이었다.

달포를 두고 밤낮으로 뿜빠거리는 서커스단에 진절머리도 났지만, 떠나면 섭섭해지려니 하는 아련한 생각도 있었다.

얼마 후 우리도 짐을 꾸렸다. 부산을 떠나 환도하기로 했다. 서울 가면-하여튼 서울만 가면 살아날 것 같은 그러한 서울에 가는 것이다.

한번은 늦잠을 자고 뒷마당에 나와 햇볕을 쬐다 보니 드높이 서 있는 서커스단의 포장집이 없어졌다. 어찌 된 일인가 자세히 보니 트럭 한 대에 서커스단이 완전히 실려 있었다. 간단하기도 했다. 뚱뚱한 친구가 트럭의 주위를 한 번 돌고서 조수대助手臺에 오르자 트럭은 움직이기 시작했다. 서서히 한길로 나서더니만 풍하고 먼지를 남기고 달아나 버렸다. 문득 채플린의 뒷모습이 보인 듯했다. 우리 가족도 보따리를 둘러메고 저렇게 부산을 떠날 날이 얼마 남지 않았다.

「서울신문」, 1953. 6

여인

언젠가 젊은 여성 한 분이 그림을 들고 나한테 왔다.

화가가 된다는 것이다. 화가가 되기 위해서 결혼을 했다 한다. 남편은 항해사였다.

여자가 결혼을 하고 나면 아무것도 안 된다는데, 이 여성은 예술을 하기 위해서 결혼을 했단다. 그 후 간혹 그림을 들고 찾아왔다. 그림은 재주가 있는 편이었다.

단 내외만 사는 단출한 새살림이 아니라, 층층시하에 수많은 가족을 거느리고 그야말로 시집살이 틈에서 독립된 방도 없이 그림을 그려 낸다는 것, 그림 공부를 한다는 것은 실로 귀신의 재주일 수밖에 없다. 보면 귀족적인 몸매인데, 거칠어진 손을 보면 밥 짓고 빨래하는 노력만도 대단한 것 같다.

한번은 남편과 동반해서 찾아왔다. 대단히 좋은 사람이었다. 이런 남편이면 아내가 미술을 할 수 있으리라 믿었다. 그 후 우리도 이사했고 그들도 이사했다. 그동안 격조히 지내 왔는데, 한번은 뜻밖에 부부 동반으로 그림을 들고 나타났다. 고흐 냄새가 나나 대단한 발전이었다.

청년 남편은 이번 모 해양대학 교수로 전직되어 간다 한다.

대단히 반가웠다. 이제 이 젊은 부부의 앞에는 해방된 생활이 전개되는 것이다.

나는 내 일같이 기뻐서 격려와 축복과 아울러 미술론을 한참 하다 보니 우리 여류 화가는 하품을 하고 있지 않은가-보아하니 그녀는 만삭이 되어 있다. 옥동자를 낳으면 화업을 이어가라고 부탁했다.

「수도평론」, 1953. 6

서울에 돌아와서

서울에 돌아오니 졸리기만 하다. 그래서 나가지 않는 날은 낮이나 밤이나 잠만 잔다. 먹을 것이 없어도 부산에서처럼 겁이 나지 않는다. 가을바람이 부니 이내 겨울이 올 것이다. 땔나무 걱정도 안 된다. 잠이 깨면 뜰에 나가 왔다갔다도 해보고 문간에 나가 멍하니 동네도 바라보고 한다.

부산살이 3년에 나는 이렇게 멍하니 보내는 무위의 시간을 가져 보지 못했다. 실속 없이 바쁘기만 했던 것이다. 상인이나 예술가, 혹 교사나 군인까지도 무위의 시간이 없다면 얼마나 메마른 기계와 같은 생활이랴.

서울 우리 집 산방에 돌아와서 한 달이 가깝도록 그저 좋기만 하지 아무 생각도 나지 않는다. 이 상태가 언제까지 계속될지 모르나 그렇게 서두르고 싶지 않다. 아직도 졸리기만 하는 이 졸음의 뿌리를 빼버리고, 그리고 드높은 하늘과 가을 산을 한참 보노라면 추석도 올 것이니 이 명절을 기해서 친구들을 산방에 모아 한바탕 투음鬪飮하고 나면 그땐 생기도 돌고 정신도 나고 그럴 것이니 당분간 마음대로 멍하고 살자.

1953. 6

다시 서울에 돌아와서

산방에 들어서자 꾀꼬리가 운다. 8월인데도 산협에 꾀꼬리가 운다.

집구석이 온통 잡초에 파묻혀서 그대로 도깨비집이다. 우물에는 개구리가 살고 하늘에는 왕거미 줄이 번쩍인다. 함부로 발을 잘못 디뎌 놨다가는 구렁이 대가리를 밟을 것만 같다.

어디서부터 어떻게 치우고 살아야 할지 정신이 없다. 되돌아 문간에 나서 돌층계에 앉아 본다. 산협에 맑은 바람이 일고 꾀꼬리는 울어 사면은 푸른 풍경이다. 뙤약볕 하늘과 맞은편 산허리를 바라보니 지옥 같던 부산살이가 생각난다.

오랜만에 먼 여행에서 돌아온 것만 같다. 3년을 두고 자나 깨나 그리워하던 서울에 막상 이렇게 와놓고 보니 쉬운 것을 서울은 멀고 먼 곳으로 생각되었다.

3년간의 부산살이는 서울에 돌아간다는 희망 하나로 견디고 버티어 왔던 것 같다. 그토록 그립던 서울에 바로 지금 분명히 온 것이다.

풀을 뜯고 먼지를 털고 지금 나는 개척자가 된 것이다. 문안에 들어가 괭이, 삽, 호미, 낫- 연장을 마련해 와야 한다.

명동에 나가 보았다. 좋지 않다. 그대로 부산살이 광복동이다. 친구를 만나도 반갑지가 않다. 부산서 날이면 날마다 만나던 친구들이다. 부산살이 3년에 어지간히 사람이 귀찮아진 것만은 사실이다.

명동에 부서지지 않은 집은 대개가 다방이요 먹는 집이다. 이게 올바른 현상인지 알 수 없지만 하여튼 유쾌하지는 않다.

아침부터 저녁까지 다방 신세만 졌던 부산살이. 서울에 돌아와서 또 재판이 되어서는 안 된다. 아예 명동 근처는 안 나가는 것이 수일 것 같다.

서울 하면 종로다. 종로는 민족의 향수요, 시민의 향수다. 이러한 종로에 보지 못하던 양회 기둥 종각이 버티고 서 있다.

전화에 불타 버린 보신각 종루를 재건한 모양이다. 전시에 수억을 들여 양회 다리 기와집을 세웠다는 것은 20세기의 난센스가 아닐 수 없으나 난센스로만 집어치울 수가 없다. 까딱 잘못해서 2억 불이 양회 다리 기와집처럼 쓰여서는 안 될 것이요, 수도 서울의 건물이 양회 다리 보신각 모양으로 되어서는 큰일이다.

한번 세워진 것은 때려 부수기가 어렵거늘…… 아! 옛날의 종로 네거리.

가로수가 자란 거로 보면 3년이란 세월이 짧지는 않은 모양이다. 무성한 플라타너스. 몸도 불었거니와 거닐면 머리에 가지가 치렁치렁 닿는다. 거리에 녹음이 짙어지니 부서지고 허물어

진 폐허의 도시가 그렇게 허망해 보이지가 않는다.

소나기가 한차례 지나간 다음 백토白土의 서울 거리. 창경원 돌담을 끼고 돈화문으로 굽이돌아 보니, 우리는 이러한 거리를 두고 고등어 비린내가 나는 부산의 진창거리를 얼마나 헤매었던가.

비바람, 먼지, 다다미, 다쿠앙, 멸치, 도떼기시장- 생각만 해도 신물이 난다.

부산엔 펑펑 솟는 우물에도 뚜껑을 닫고 쇠를 채웠다.

난 지금 분명 서울에 돌아왔다. 하루에 너댓 번 냉수욕을 한다. 밤이면 월광과 소쩍새 노래를 들으며, 아직도 서울에 돌아오지 못하고 부산에 남아 있는 친구들을 생각하며 대청에 누워서 잠들곤 한다.

1953. 6

의욕의 서울

참 먼 옛날 같습니다. 뒷산에 대포알이 쿵쿵 쏟아지고 주춧돌까지 찌르르 울려 왔습니다. 진정 나는 피로했습니다. 대포알에 맞아 죽으면 죽었지, 꼼짝할 기운이 없었습니다. 연방 꾸르릉- 산울림과 동시에 주춧돌이 울리고 집이 흐늑흐늑 했습니다. 이 처참한 소리와 울림은 차츰 가까워 오고 있었습니다. 아무런 생각이 나지 않았습니다. 단 하나의 길이란 나도 사람들 무리에 끼여 남향하는 길밖에 없었습니다. 그러나 아까도 말했지만, 그때의 내 몸과 마음은 지칠 대로 지쳐서 무엇이고 정신적 결단을 내릴 기운이 없었습니다.죽는다는 것, 산다는 것을 구별할 수가 없었습니다. 될 대로 되어라.

지금 생각하면 무서운 방심상태였습니다. 그러나 나는 문을 닫고 누워서 있을 수 없었습니다. 안방에 들어가 가족들을 살펴보았습니다. 그들은 하나같이 말이 없고 일제히 내 얼굴만 보았습니다. 나는 그만 가슴이 막혔습니다. 문을 닫고 그 발로 문간에 나섰습니다.

동네를 살펴보니 텅 비었고 집집마다 문은 꼭꼭 잠기었습니다. 짹 소리 안 나는 산협에 연방 쿵 꾸르릉- 산울림은 계속해

오고 있었습니다. 바람이 휘휘 부는 산협에 서서 먼 산과 가까운 산봉우리를 바라보니 서럽기만 했습니다. 참 먼 옛날만 같습니다. 3년 전 정월 초사흘, 우리는 한강을 넘었던 것입니다. 부산이 우리 전민족적인 인연이 될 줄이야 누가 알았겠습니까. 이리하여 나도 엑스트라의 하나로 3년을 줄곧 부산 신세를 졌습니다.

아, 그러나 자나 깨나 서울 생각이었고 갈수록 그리운 건 서울이었습니다. 부산에 굴러가서도, 그리고 굶네 죽네 해도 느는 것은 술이었습니다. 술 다음에 으레 주정이었고 술을 하지 않아도 대낮에 다방에 진을 치고 명사 무명사 할 것 없이 심지어는 조석으로 만나는 친구들 욕을 하는 것으로 낮과 밤을 보낸 것도 사실입니다. 실로 부산은 술과 욕을 배운 곳입니다.

우리는 부산에 가서 많은 사람을, 얼마나 많은 사람들을 쓸데없이 알았고 반가운 친구들이 반갑지 않게 되었습니까. 부산서 같이 고생하던 친구들, 서울에 돌아와서 거리에서나 다방 등지에서 만나도 그저 악수 정도요, 반가운 줄을 모르겠으니 필시 부산살이 3년에 인간의 감정을 잃어버린 것 같습니다. 아무래도 복귀한 서울은 또 부산 재판이 될 것만 같습니다. 다방마다 사람이고 길을 건너는데 자칫하면 자동차에 치여 죽을 것 같습니다. 서울은 벌써 사람의 홍수요, 자동차의 거립니다.

아! 그립던 서울에, 가로수의 서울에 돌아와서 열흘이 못

되어서 먼 산을 보게 됩니다. 나가서 생활비를 벌어 오는 것이 아니건만 나가지 않고는 못 배기는 서울이 된 것 같습니다.

비 갠 폐허를 거닐다가 북악北岳을 바라보니 아름답기는 하나 가을바람이 불고 이내 겨울이 올 것을 생각하니 무서워집니다. 그러나 의욕의 서울은 틀림없습니다.

「경향신문」, 1953. 8

포도

한원寒園이 포도 한 송이를 내 공방工房으로 보내왔다. 차도 떨어지고 목이 마르던 차에 토실토실한 포도는 참 맛이 있었다.

포도를 먹으니 "참 가을이구나." 싶다.

포도송이를 들고 보니 파리 생각도 난다. 남불에서 본 거리에 쌓인 별의별 포도와 바로 눈앞에서 짜주던 그 포도즙.

그 포도 짜는 기계, 기계라야 별것이 아니고 원시적인 소박한 도구였다. 그 기계를 꼭 하나 사 오고 싶었는데 그걸 못 사 와서 이렇게 가을이 오고 포도가 나오면 한이 된다.

한데 포도 이름을 꼭 하나 기억하고 있다. '뮤스카'라고 하는 포도다. 뮤스카란 사향이란 말이다. 그 불가사의한 향기와 단맛이란 말할 수가 없다. 다시 불란서[프랑스]에 가면 뮤스카나 실컷 먹어야지.

산방기山房記

집을 구하는 친구에게 나는 성북동으로 오기를 권한다. 그러면 대개는 성북동은 안 좋아하는 모양이다. 심한 친구는 성북동은 못 살 곳으로만 안다. 교통이 불편한 것을 첫째 흠으로 잡는다. 실은 성북동이 좋다는 것은 교통이 불편하기 때문이다.

명동이나 종로 복판에 비하면 물론 살 만한 곳은 아니다. 교통이 불편한 성북동에 나와 보는 친구는 한다는 소리마다 "지프나 한 대 있으면 살기 좋겠다." 한다. 나도 실은 은근히 지프 한 대가 욕심이 나는 것이다. 차가 있고, 전화가 있고. 이것은 생활의 사치는 아닐 것이다. 제트기가 나는 현대 생활에는 자동차라든가 전화 같은 것은 응당 생활필수품이어야 할 것이다. 그러나 우리들은 아직도 장작으로 불을 때고 밥을 짓고 숯을 쓰는 원시적인 생활을 한다. 인류 태초의 소박한 생활형식을 그대로 가져오고 있는 것이다. 부산 광주도 비행기로 가야 되고 더구나 외국 여행이란 으레 공로空路다.

내가 전차 머리에까지 걸어 나가는 동안 지프는 의정부에서 달려 나와 종로 복판을 통과하고, 내가 전차를 타고 명동 다방에 들어서면 수원水原서 지프를 타고 달린 친구가 이내 뒤따라

들어선다.

명동을 왔다갔다하다가 대포나 하는 동안 노렌드 의원은 우리 대통령을 만나 보고 여러 차례 파티까지 하고, 그리고 워싱턴 의석에 까딱없이 앉아 있다.

시간과 공간이 완전히 뱅뱅 도는 세상이다.

헌데 불편한 성북동으로 왜 오라는 것인가. 그 이유는 간단하다.

전차 머리에까지 도보로 20분, 그렇게 멀지 않다는 것, 성북동은 수돗물이 아니라 우물물을 먹는다는 것, 그리고 꽃이 피고 숲이 있고 단풍이 들고 새가 운다.

달도 산협의 달은 월광月光이 다르다.

「현대공론」, 1953. 10

무제

친구들간에 집을 짓는다는 사람이 있을 때마다 나는 양옥을 권하면서도 내가 살고 싶은 집은 우리 한식 주택이요, 내 이제 집을 짓는다면 양옥이 아니라 우리식 주택이다.

한번은 가족들의 요청으로 일본식을 가미한 소위 문화 주택에서 1년을 살아 본 일이 있다. 지금 내가 말하는 양옥이란 소위 문화식 주택을 말함이 아니요, 진짜 양옥. 아무리 소규모일지라도 건축으로서 하나의 작품성을 띤 주택을 의미한다.

현대 일본식 문화 주택에서 살아본 바 우리식 주택보다 월등히 편리한 것만은 사실이다. 현관문만 닫아 버리면 그만이었다. 신발을 끌지 않아도 변소에 갈 수 있고 부엌에 드나드는 데도 문지방을 넘나들지 않고 추운 아침이라도 외기外氣에 직접 부딪치지 않고 맨발로 세면소에 갈 수 있고, 이것만 하더라도 문화 주택이 얼마나 편리한가.

그런데 진짜 양옥에서 산다면 얼마나 살기 좋을 것인가. 진짜 양옥이란 공간의 유기적인 집결로서 밝고 명랑하고 아름다운 생활 주택을 말함이다. 커다란 방, 널찍한 벽면壁面, 커다란 유리창, 비가 와도 새지 않는 집, 부엌은 주부의 서재도 될 수

있고, 냄새가 나는 바로 그것이 보이는 변소가 아니라 샤워가 나오는 욕실.

들어앉으면 눕고만 싶고 졸리기만 하는 우리들의 한 칸 방, 두 칸 방.

어지간히 골머리가 아프지 않은가. 이제부터의 문화란 결코 이러한 생활 주택에서는 나오기가 어렵다고 생각하기 때문에 시대성을 가진 생활 주택, 그러고 보면 역시 양옥에서 살아야 한다고 나는 생각한다.

그러면서도 웬일일까. 내가 살고 싶고, 짓고 싶은 집은 양옥이 아니라 우리 한식 주택이다.

솟을대문이건 납작한 대문이건 삐걱 소리가 나는 대문·중문 안에 들어서면 댓돌이 보이고, 대청이 보이고, 대들보가 보이고, 서까래가 보이는 우리네 집. 문간에 들어와서도 신발을 벗었다 신었다 해야만 되는 우리네 가옥 양식, 꼭 감기 들게 마련인 구조.

집결 양식이 양옥이라면 분산 독립된 것이 우리네 주택구조이다.

그러나 나는 이러한 비합리적이요, 비편리적인 조건만을 가진 우리네 가옥이 대단히 맘에 든다.

식당에 나가 식사를 하는 것보다 두 손으로 들어다 주는 소반을 받고 아랫목에 앉아 먹는 것이 무조건 좋다. 가족들끼리

도 합상合床이 아니라 되도록이면 각자 독상을 받는 것이 더욱 좋다.

대리석이나 타일이 깔린 세면소에서 세수하느니보다 수채 곁에서나 댓돌 위에 대야를 놓고 푸덕푸덕 소리내며 세수하는 것이 더욱 상쾌하며 제대로 아침을 맞이한 것 같다. 내 취미가 다소 야만적이면서 비문화적인 것을 나도 안다. 그러나 우리네 기와집 밑에서 살아야 마음이 편안할 뿐더러 든든한 생각이 드니 어찌할 수 없는 노릇이다.

물론 깨끗이 닦인 널따란 유리창의 매력도 대단하거니와 이러한 가을에 새하얀 창호지로 창을 말쑥이 발라 놓고 파리가 앉아도 뗑 하고 소리가 나는 남창南窓에 기대 앉는 맛이란 그렇게 그윽할 수가 없다.

난로가 타는 양실도 좋거니와 쇠가죽 같은 장판방에 뜨끈히 등을 대고 누워 있는 맛이란 실로 말할 수 없는 경지겠다. 어쨌든 돈이 없어 죽을 지경이다.

「문학과 예술」, 1954. 1

수화樹話

나도 이 정도의 조그만 양옥이 하나 꼭 필요했다.

볕이 잘 드는 2층, 그리고 창을 열어젖히면 푸른 빛이 눈에 들어올 수 있는 정도의 정원- 그래서 내가 구상을 하며 거닐 수 있는 그런 집을 꼭 하나 갖고 싶다. 창을 열어젖히면 푸른 빛이 눈에 들어올 수 있는 뜰.

이것은 적어도 내게 있어서는 틀림없는 하나의 향연이다. 복잡한 현실에서 우리는 가끔 눈을 들어 다른 데를 보며 쉴 필요가 있다.

함께 있는 방안의 사람이 보기 싫을 때는 시선을 창 밖으로 돌려야겠고, 이때 눈에 들어오는 것은 장독이라든가 궁기가 낀 살림 부스러기가 아니고, 모름지기 한 그루의 싸리나무가 되어 주기를 바라는 바이다. 푸른 5월이 밀물처럼 들어온다. 집집의 뜰에, 거리 로터리에, 이 초록물이 들게 하라. 그리하여 이 푸른 빛을 보는 시민들의 충혈된 눈을 수정처럼 밝게 해주었으면.

무슨 이유가 있어서가 아니라 여하튼 호적의 이름이 싫어서 나도 따로 내 이름을 하나 갖고 싶었다. 그래서 내가 좋아하는 글자를 모아 놓고 거기서 나무 '樹'자를 얻기는 했으나 '樹'

자 밑에 붙일 글자는 좀처럼 얻지 못했다.

그래서 그냥 '樹'자 하나만 붙일까도 했으나 "여보게, 樹."하고 부를 경우에는 아주 틀려 먹었다. 여하간 확실한 기억은 없으나 말씀 '話'자를 생각해 낸 것은 '樹'자를 발견하고 나서 한참 후인 것 같다.

'樹話'

이렇게 모아 놓고 보니 시각적으로나 청음적으로나 내 딴에는 정통으로 들어맞았다고 생각돼서 그땐 혼자서 약간 기뻐했던 것 같다.

나의 아호雅號에 대해서 그 뜻과 연유를 묻는 사람이 있으나 어디 좋은 글에서 따왔다거나 따로 뜻이 있는 것은 아니다.

'작품 A' '작품 B' 하듯이 그저 '樹話'인 것이다.

언젠가 옛날에 내 산방에 찾아온 친구가(참 그 친구는 지금 어디서 어떻게 살고 있나?) 있어 그가 말하기를, 자넨 이름과 사는 집과 환경이 똑같거든. 이렇게 나무하고 사니 나무하고 말하고 살 수밖에.

그리고 나서 그 친구는 재미나는 얘기를 들려주었다.

옛날에 어느 공주를 모시는 어린 시녀侍女가 있었다. 화창한 어느 봄날에 어린 소녀는 맘 둘 곳이 없어 하루는 후원에 나가 양지 바른 곳에 앉아 양손으로 흙을 파헤치면서 거기다 대고는 마음의 호소를 실컷 하고 난 다음 그 말들을 흙으로 다시

덮어 메워 버렸는데 가랑비가 내리고 다시 봄날이 화창해지자 거기서 이름 모를 싹이 돋아 미끈한 나무로 자라더니 가지가 퍼지고 잎이 푸르고 무성한 그늘을 이루었는데 봄도 가고 여름도 가고 낙엽 지는 가을이 되자 이 미끈히 자란 나뭇잎들이 가을바람이 불어올 때마다 한 잎 두 잎 팔랑팔랑 떨어져 성 밖으로 날아가면서 그 어린 소녀가 속삭였던 아름다운 비밀의 말들이 공중에 퍼져 갔다 한다.

이 조그만 얘기가 어느 나라 동화인지는 물어보지 못했으나 '樹話'라는 나의 칭호와 어울리는 얘기로는 이 얘기가 제일인 것 같아 지금도 기억해두고 있지만 그렇다고 해서 나무와 더불어 얘기한다는 뜻에서 '樹話'를 생각해 낸 것은 아니다. 불러서 좋고 써서 좋고 하면 거기에 의미가 없어도 좋을 것 아닌가. 아호는 대개가 고풍古風한 의미와 그러한 글자를 따오는 것이 지금도 상례인 것 같으나 나는 이름에도 새로운 맛을 주려는, 과장해서 말하면 '현대 아호'를 갖고 싶었던 것이다. 그러기에 내 호에는 아무런 의미를 주지 않는 글자를 택하였던 것이다. 그래서 내 호가 고풍스러운지 현대 아호로서 격에 맞았는지 그건 모르되 '樹話'란 호에는 약간 핸섬한 맛은 있다고 아호에 있어 약간 자부 같은 것도 없잖다.

헌데 무의미한 집자集字라고 했지만 내가 '나무'를 좋아하지 않았던들 나무 수자를 가져오지 않았을지도 모른다.

푸른 산, 푸른 숲을 누가 좋아하지 않으랴.

무심코 가다가도 우거진 나무 그늘을 지날 때면 쉬어 가고 싶어진다. 비록 초라한 집일망정 수樹에 파묻혀 살고 싶어진다. 내 지금도 이 산골에 살고 있는 것은 막연히 그러한 점에서일 게다.

우리가 작년에 서울에 복귀했을 때 가장 반가웠던 것은 청청한 북악이요, 무성한 가로수였다. 부서진 서울이나 거리마다 나무가 푸르니 이젠 살 곳에 온 것 같은 생각이 들었던 것만도 사실이다.

이젠 봄도 가고 푸른 계절이 다가오는데 시에서는 예산만 없다 말고 좀 색다른 생각은 안 해볼 것인가.

서울의 거리 푸른 나무 그늘에 쉬어가도록 거리에 걸상을 만들어 볼 생각은 없는가? 아무리 명목이 좋아도 기부라면 반가워하지 않을 성싶다.

그러나 자기 사업에 대한 광고 선전이라면 그렇지도 않을 것이다. 은행, 병원, 회사, 공장, 식당, 책방, 다방, 양화, 양복- 서울시에는 얼마든지 영업체가 있다.

벤치의 적당한 면에, 가령 허리 받침 후면 같은 데다 은행이면 은행, 양화점이면 양화점의 선전 광고패를 붙이는 것이다. 이러한 생각이 가능하다면 시市 금고를 건드리지 않더라도 서울 거리에는 가로수 그늘마다 시민의 걸상이 하나씩 놓일 수

있을 것이다. 서울을 사랑하는 시민의 한 사람으로 이러한 봄 꿈을 가져 본 것이다. 그렇게 대단한 꿈은 아닌 성싶다.

현대의 도시 가로란 단지 그저 오고 가는 통로 적인 도로 목적만은 아니다.

어찌 생각하면 시민의 정원 목적이 더 위에 있는 것이다. 녹화운동과 병행하여 이제 우리 서울시에는 벤치 운동을 한번 해 볼 것을 여기 강조하여 아호 얘기를 하다가 엉뚱한 다리를 건드린 것 같기도 해서 미안하다면 미안하기도 하다.

「신천지」, 1954. 5

호박

붓을 들고 앉았으니 소쩍새가 운다. 총알이 소나기처럼 오고 가던 이 산골에 언제 그랬던가 싶게 소쩍새가 울음을 운다.

산골에 소쩍새 울음 영롱해지면 살구꽃 낙화되고 아카시아 피어나면 연달아 박꽃도 늘어지는데 느닷없이 시베리아 바람이 서울에 밀려왔다.

산에는 산새도 울지 않고 흰 구름만 무심히 떠돌았다.

90일이 10년, 1백 년과도 같았던 6·25. 그날부터 우리는 호박죽으로 연명했다.

엊그제 나는 호박씨를 내 손으로 심으면서 문득 그때 일이 생각나서 손바닥에 호박씨를 놓고 한참 들여다보았다.

1954. 6

서울

조석으로 성북동 고개를 넘어 다니면서 헐려 가는 성벽을 외면할 수가 없다. 고갯마루에는 왜정倭政 때 세웠던 고적 보전의 성터의 석비石碑가 서 있기는 하나 이 석비가 무색할 정도로 성석은 굴러가 주춧돌이 되고 성터에는 구멍가게가 서곤 한다.

폐허 뒤에 오는 것, 마땅히 그러리라고 체념해 버리면 그만이지만 그렇다고 서울 주변을 싸고도는 고성이 없어졌다고 가상해 보자. 얼마나 쓸쓸한 서울일 것인가.

사람들이 로마에 가고 아테네에 가고, 또한 가고 싶어 하는 것은 의식적이든 무의식적이든 간에 폐허의 미美를 보고 싶어서가 아닐까. 하루아침에 로마가 이루어지지 않았다는 것도 거기 폐허의 뭇 신전들을 봄으로써 로마의 역사를 실감할 수 있는 것이 아닌가.

폐허의 미는 돌이라는 소재가 더욱 절실하다. 한양漢陽 성벽에 어떠한 역사가 서렸든 간에 거기에는 무수한 세월의 때가 묻어 인공으로 이루어진 하나의 자연인 것이다. 10년, 20년으로 이루어질 수 없는 이 위대한 자연이 이제 우리들 손으로 허물어져 가는 것을 보고 어찌 슬퍼하지 않을 것인가. 저 근정전

勤政殿의 고원古苑을 엎고 치욕의 총독부를 세울 때 우리의 광화문은 제자리에서 헐려 나갔다. 실로 야만적인 저 왜인들의 처사에 반기를 들고 "아 광화문아!" 하고 울었던 사람은 누구였던가. 그는 같은 왜족인 유종열柳宗悅[야나기 무네요시]이었다.

근정전의 동편 구석에 간신히 다시 서게 되었던 광화문은 그나마 전란으로 영영 그 자취가 사라지고 말았으니 허망타 못해 말이 안 나온다.

서울이 아름다운 것은 현대건물이 있어서가 아니요, 거리가 아름다워서가 아니요, 물론 산천이 아름다워서도 아니리라. 여기 고궁과 고원과 고건물이 있기 때문에 서울은 서울로서 풍아를 지키는 아름다운 도시가 아닐까. 여행에서 돌아왔을 때 서울역에 내려 택시의 창으로나 전차의 창으로나 또는 걸어서 들어오는 서울의 어귀에 만약 남대문이 보이지 않는다면 그 허망감을 어디에 비길 것인가.

파리가 뉴욕과는 다른 파리로서의 세계적인 독특한 매력을 끄는 것은 현대적인 화려한 면의 파리만은 아닐 게다. 궁전이라든가 거리의 기념물(역사적인 예술의 유물)들이 있어 그런 것이 아닐까. 파리는 역사적인 유물을 함축하고 있는 현대 도시이기 때문이 아닐까. 제2차대전에서 불란서[프랑스]가 독일한테 재빨리 항복한 것은 파리를 전화戰禍에서 건지고 싶었던 것이 아니었을까.

덕수궁, 경복궁, 창경궁, 종묘, 그리고 남대문, 동대문, 수표교, 그리고 또 이름 없는 민중의 담벽과 자잘한 대문과 굴뚝 등 서울을 구성하고 있는 이 모든 것들이 없어져 버렸다고 가상해 보라. 그것은 얼마나 허전하고 삭막한 서울이겠는가. 서울은 우리들뿐만이 아니라 외국 사람들도 아름다운 도시라 한다. 간혹 나한테 놀러오는 외국 친구가 있다. 그는 먼 거리를 자전차를 타는 법 없이 꼭 걸어서 오곤 한다. 한번은 그 이유를 물었더니 창경원 돌담을 끼고 걸어오는 것이 말할 수 없이 즐겁다는 것이다. 필시 나도 이 성북城北에 사는 것은 산성山城을 바라보고 돌담을 끼고 거닐 수 있는 무용無用의 조건을 무시할 수는 없으리라. 한 가지 섭섭한 것은 8·15 전만 해도 이 긴 창경원 돌담을 끼고 걷노라면 원내苑內에서 우는 학성鶴聲을 들을 수가 있었고 뭇 새의 퍼덕거리는 날갯소리까지 들었는데 지금은 그런 소리를 들을 수가 없다.

우리들은 전란 속에 광화문을 잃었고 보신각(신축한 시멘트 기둥 보신각만 보면 구토증이 나는 건 웬일일까)을 잃었고 그 밖에 많은 귀중한 건물들을 잃기는 했으나 상전桑田이 벽해碧海로는 되지 않았다.

이제 전문가들로 하여금 수도 서울, 현대 서울로 대건설大建設하게 한다는 소식에 크게 기대하며 내 자신 그날의 서울 시민이 될 것이 무한히 기다려지는 바이나, 로마나 구라파의 여러

나라에서는 아무리 그것이 혁명적 도시계획일지라도 돌덩이 하나라도 그것이 역사적인 의미의 유물이면 다치거나 옮기지 않고 어디까지나 살려서 도시를 건설한다고 한다. 이러한 당연한 일이 우리 당국자, 또는 전문가들 손으로 일그러진 서울이 아니고 진실로 아름다운 수도, 우리들의 대 서울이 건설되기를 나만이 바라는 일은 아닐 것이다.

아! 그러나 폐허가 된 종로 뒷골목에 서면 옥물부리, 대모테 안경, 은장도銀粧刀를 쓸고 있던 돈보기 할아버지들이 보고 싶어진다.

예술소론藝術小論

우리들은 문화민족으로 자처한다. 그런 민족일는지는 모른다. 신라의 문화와 고려의 청자를 자랑하고 세종대왕의 훈민정음을 찬양하고 이충무공을 내세운다.

우리의 역사는 빛나는 문화를 가졌고 또한 영걸이 없지도 않았다.

현재玄齋, 단원檀園, 완당阮堂도 있어 우리 미술사 또한 쓸쓸하다고 할 수는 없으나 이제 우리들은 아이들 같은 저항심은 버리고 세계문화 올림픽에 출장出場시킬 만한 건아가 얼마나 되는가를 생각해 보자.

우리가 가진 문화선수가 전혀 없는 바 아니로되 같은 동양민족으로 중국의 저 무진장한 군성群星들을 생각할 때 마음이 움츠러듦을 어찌하랴. 또한 저 구라파 제국이 희랍 이래 얼마나 많은 선수들을 산출했는가. 실로 무진장이라 아니할 수 없다.

석굴암의 석조에서 우리는 천의무봉天衣無縫의 예술을 느끼고 단원의 〈무학도舞鶴圖〉에서 우리 민족의 예술적 특징을 본다. 현재玄齋, 겸재謙齋, 혜원蕙園에서 사실寫實의 실감을 느낄 수 있고, 우리는 함축과 여운을 우리 예술에서 볼 수 있다.

그러나 세계라는 광범한 영역은 이들의 예술에 대해서 자기들이 추구追究할 수 없는 독특한 문화의 대표자로서는 인정하지 않을 것이다.

"어떠한 미개민족도 예술을 가지고 있다. 그러나 과학의 보편타당성에 입각한 높은 합리주의의 문화를 가지고 있는 것은 인류 가운데 오직 구라파 민족뿐이다." 폴 발레리의 말이다. 문화의 궁극 목적이 어디에 있는가는 관점에 따라 달라지기도 하겠지만, 그러나 우리들은 좀더 솔직해지자. 그리고 "나는 조국을 사랑하지만 진실로 칭송할 만하게 되기 전까지는 상찬賞讚하고 싶지 않다." 프리드리히 1세의 이 말을 상기해 보자.

나는 발레리 선생에게 물어 보고 싶다. 우리들은 당신의 논의의 근거를 솔직히 인정한다. 그러나 당신은 쇼팽이나 드뷔시의 음악에서 마티스나 피카소나 루오의 회화繪畫에서, 지드나 부르제의 소설에서 보들레르이나 말라르메의 시에서 당신들의 조국과 전 구라파의 문화의 집적을 배경으로 하고 있다는 생각은 하지 않는가. 우리들이 거기서 비행기와 라디오와 텔레비전 같은 현대 과학문화를 느끼는 것은 이러한 작가들이 현대인이라는 이유만인가.

루오의 미술에서, 몬드리안의 미술에서, 오직 회화의 예술을 볼 수 있기 때문인가. 두말할 것 없이 전등도 없고 자동차도 없는 야만인들 속에서 당신과 같은 센스의 세련이 나올 수 있

다고 생각하는가.

확실히 예술은 문화 중에서도 하나의 예외물임에는 틀림없는 것 같다. 그러기에 예술의 세계에서는 과학의 세계처럼 눈부신 진보는 볼 수 없다.

우리들은 호머를 넘어설 수 없고 현대의 조각가는 희랍이나 이집트를 능가할 수는 없다. 그보다도 알타미라의 원주 혈거인이었던 크로마뇽족의 벽화를 경탄의 눈으로 바라본다. 그런데 여기 소중한 문제는 원시인들이 알타미라의 벽화를 그렸다는 사실보다도 그러한 원시인의 벽화에서도 우수한 회화의 재능을 발견하고 인식하는 현대의 감상력, 아이들의 그림이 아카데미의 그림보다 아름답다는 감동을 받을 수 있는 심미 그것이고 이 심미의 감상력이란 곧 문화의 고서를 인정할 수 있는 척도가 되지 않을 수 없다는 것이다. 그러나 현대에 살면서 비행기를 타고 라디오를 듣고 텔레비전을 보고 들어야만 문화인이 될 수 있는 것인가.

우리들은 신라의 석불에서, 석도石濤나 완당阮堂의 서옥書屋에서 동양의 깊은 철학과 오도悟道의 구현具現을 볼 수는 없을 것인가. 모름지기 예술에서 우열의 척도가 될 수 있는 함축含蓄이란 무엇인가. 요컨대 우리 문명인을 진심으로 매혹할 수 있는 예술이란 대상의 작품 그 속에서 무언인가 높은 예지를 인식하고 또한 그것을 발견해 내는 것이 아닐까. 다시 말하면 우리들

의 센스가 고답적高踏的인 종합문화의 실증이 되므로 해서 우리들은 예술을 지킬 수 있지 않을까.

1954. 7

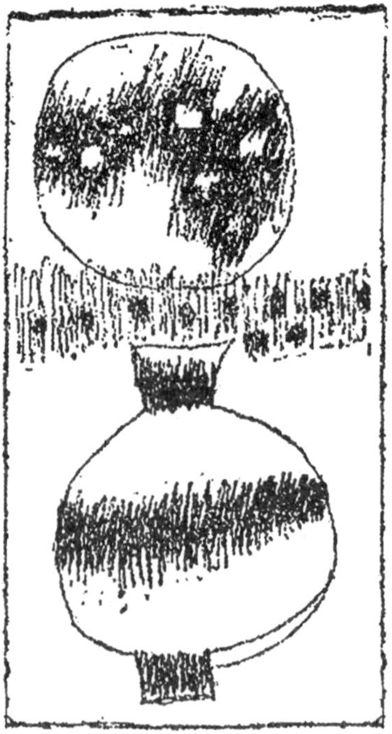

국전의 명랑성

이번 국전國展의 소감을 '명랑성明朗性'이라 지적해서 모某 지紙에 쓴 일이 있다. 그 후 어느 화우畵友를 만났더니 국전의 그러한 '명랑성'은 받아들일 수 없다고 한다. 즉 현실도피에서 오는 무력한 안이성安易性이요, 자기도취라는 것이었다. 나는 솔직히 시인하고 그러면 어떠한 명랑성이면 받아들이겠는가 반문하지 않을 수 없었다. 그 친구 답하되 당분간 우리들의 미술에서 명랑성은 볼 수 없을 거라고…….

참 예술작품이 생활의 반영이라면 결단코 오늘의 우리 생활은 명랑한 것이 못 된다. 르노아르는 장미 정원에 묻혀 새의 노래를 들으며 유리로 만든 공방工房에 들어앉아 그림을 그렸기에 향기 그윽한 포도주와 같은 달콤한 그림이 됐을지도 모른다. 수틴은 옷이 없어 담요 복판을 뚫고 거기 대가리를 내밀어 망토인 양 두르고 맨발로 겨울을 지냈으니 그처럼 그 그림은 음울하고, 식욕이 동하지 않는 쇠다리를 무수히 그렸을지도 모른다. 그러면 당분간 우리들의 미술에서 명랑한 정신은 볼 수 없을 것인가. 국전의 명랑성은 부질없는 자기도취이며, 현실도피에서 오는 무의미한 색채의 작희作戱일 뿐일까.

'저항抵抗의 정신'이란 결코 침울하다거나 어두운 것은 아닐 것이다. 현실을 극복하는 정신, 내일로 향하는 정신이라면 어찌 태양처럼 밝고 강한 것이어야 하지 않을까. 화가란 어느 시대를 막론하고 낙천가이다. 한 가지 다른 것은 작가적인 체질과 강한 개성의 문제밖에 안 된다.

금년의 국전이 제3회라는 것은 그만큼 국전의 역사가 짧다는 것인데 짧은 만큼 어느 의미로는 신흥新興하는 국전으로도 볼 수 있다. 노쇠를 앞지른 이 신흥의 기운이 대단히 소중하다면 그 기운을 제3의 국전은 역력히 보여 주지 않았는가. 대가들보다도 일본 출품자들의 작품이 장내의 분위기를 형성했고 파고드는 제작 효력과 정열이 보다 더 완연해서 무조건 쾌감을 느낄 수 있지 않았던가. 궁전宮展이라면 세계 어느 나라이고 아카데믹 일색으로 운영되는 것이 통례처럼 되어 있는데, 우리 국전國展은 관료官僚(아카데미) 일색이 아니라 다종다양의 작품 성향을 불문하고 받아들이는 데 그 특징이 있지 않을까 싶으며, 이러한 점은 오히려 신흥국전新興國展임으로 해서 우리 미술계에 새로운 행운을 가져오는 것이 아닌가 한다. 국전은 우리 화단畵壇에서 중견층에 속하는 특선급特選級, 무감사급無鑑査級이 아닌가 한다. 이 현상은 어디서 오는 것일까. 이것은 필시 연령의 문제라든가 생활과의 타협에서만 오는 것은 아닐 것이다.

실로 무섭도록 미술에 대해서 무관심하고 무감각함으로 해

서 과거의 타성으로 두뇌적인 것과는 전혀 다른 곳에서 제작하기 때문이 아닐까. 만일 그렇다면 이 무관심 상태를 앞으로도 더 지속할 것인가. 제3회 국전을 계기로 해서 크게 반성할 일이 아닌가.

제3회 국전은 30일로 막을 내렸다. 생각해 본다. 제1실 박항섭朴恒燮의 출품작 세 폭 중에서 진열된 두 폭보다 진열되지 않았던 〈과수원의 아침〉이 떠오른다. 그리고 조화숙趙華淑의 〈정물〉, 제2실에서는 장욱진張旭鎭의 〈자동차 있는 풍경〉, 제3실에서 권옥연權玉淵의 〈첼리스트〉. 이뿐일까. 더 생각이 안 난다. 더 없을까. 김인승金仁承의 〈홍선紅扇〉과 〈서재〉, 그리고 더 없을까. 생각이 안 난다. 머리에 떠오른 이 작품들은 다시 한번 생각해 본다. 눈을 감고 조용히 생각해 본다-웬일일까, 생각해 놓았던 이 그림들이 하나둘씩 떨어져 나간다. 다 떨어져 나가고 내 머릿속은 텅 빈다. 텅 비었는가 하면 그런 것도 아니다. 구라파의 그 무수한 화가들이, 그 찬란한 작품들이 활동사진처럼 머릿속에 빗발치는 것이다.

1954. 12

중세기적 우화의 세계

-페르시아 세밀화전에서 느낀 몇 가지

중앙공보관에서 전시된 페르시아의 세밀화전細密畵展은 유네스코가 이러한 국제 순회전을 계획하지 않았던들 우리나라에서 보기 힘들었을 귀중한 전시회라고 생각한다. 페르시아라고 하면 아시아의 서남부에 위치한 왕국의 전통을 지닌 나라요, 의연히 이런 왕국으로서 얼마 전 소라야 왕비 이혼 사건으로 세계의 이목을 끌었던 나라이다. 과거 중세기에는 동양, 즉 중국의 문화를 터어키를 통해서 서구에 전달하는 교량의 역할을 했던 나라이기도 하다.

여기 전시된 세밀화 미니어처들은 15세기 이후의 것으로서 즉 13세기 초에 몽고의 침략을 받은 이후 중국의 화가와 장식미술가들이 페르시아에 많이 건너와서 미친 영향을 가장 정직하게 페르시아의 예술가들이 재현했던 것으로 짐작된다.

중국회화의 소재인 독특한 구름의 형태와 용이라든가 아몬드 열매 또는 도화桃花 꽃가지들이 정밀한 화면마다 싱싱하게 되살아 아름다운 우화寓話의 세계에 한층 더 흥을 돋우고 있었다.

세밀화란 고대사본古代寫本을 단광丹光(불변하는 주색의 화학 도료)으로 장식했던 것에서 시작하여 조그만 주제를 정밀한 구도로 나타내며 사본을 장식했다가 차츰 아주 조그만 화폭에 수채로 기묘하고 섬세한 맛을 나타내는 그림을 만들게 되었고 이 같은 수법으로 초상화까지 그리게 되었다. 그리하여 오늘 사실寫實이니 추상이니 쉬르니 하는 다양한 회화 유파의 종합미전에는 으레 오늘의 미니어처 화가에 의해 이루어진 세밀화가 한자리를 차지하게 되었다.

과거 페르시아 세밀화는 인도의 산스크리트어를 번역하다가 그것의 일부가 다시 불란서[프랑스]어로 번역되는 바람에 17세기의 불란서[프랑스] 우화가 라퐁텐은 그 중 몇 개의 동물 이야기를 다시 자기 자신의 우화에 삽입하게 되었다고도 한다.

전시회 중 〈거북과 사슴의 이야기〉 같은 것은 우리 가운데 누구라도 얼른 이해하게 되는 친밀감이 느껴지는데, 그것은 세밀화의 근원이 바로 우리 동양의 것이기 때문이리라.

수렵도狩獵圖에서 보는 화살을 목 안에 받은 호랑이의 표정 같은 것은 얼마나 절실한 실감이 나는지 모른다. 그런가 하면 종교 전쟁宗教戰爭이라든지 살육 장면의 인물 표정 같은 것은 실감을 잃은 대신 우화적인 분위기를 조성하고 있다. 몽고의 징기스칸을 중심으로 한 일련의 작품들이며 이란 왕조의 풍속도 등에서 흥미가 느껴지는 것 같다. 그리고 현대에 접근한 19세

기 궁전벽화라고 하는 궁정 여인들의 모습보다는 훨씬 고대로 올라간 것들이 단순하고 소박한 우화성의 내용을 지니고 있는 듯싶다.

이러한 고대의 가장 중요한 사본의 훌륭한 세밀화가 금세기 초까지도 서구에 알려지지 않았다고 하니 아직도 이 세상에는 알려지지 않은 진귀한 것들이 숨겨져 있는지도 모르나 어쨌든 이러한 전시로 세계인들이 페르시아 또는 오늘의 이란과 친밀해질 수 있다는 것이 얼마나 다행인지 모른다. 우리는 오늘 먼 나라로만 생각되던 이란 같은 나라가 과거의 예술을 통해 뜻밖에도 우리와 가까운 동양에 같이 살고 있는 것을 발견한다. 이러한 것이 전시회가 갖는 의의가 아닐까.

특히 오늘의 우리 생활 속에 깊이 들어와 있는 페르시아의 문양文樣은 아직도 변함없이 싫증을 주지 않는 옷감의 무늬를 비롯해서 갖가지 생활도구 속에서 우리들의 감정을 즐겁게 해주고 있다. 또 이 페르시아의 미니어처는 사람이 가지고 놀 수 있는 여러 가지 미니어처의 오브제 다르(예술품)를 만들었고 모든 사물의 앙징스럽고 귀엽고 세세한 것을 가리켜 미니어처라고 통칭하게 만들었다.

인간의 추잡한 생활도 이렇게 축소시켜서 다시 들여다볼 때 거기서 우화성이 느껴지는 것. 이것이 바로 미니어처가 갖는 예술성이라고 말할 수 있으리라.

미술대학의 이상

우리 학교에서 남으로 한 5, 6분 걸어 나가면 한강이다. 강 건너 밤섬이 보인다. 한강은 우리 학교의 '물의 운동장'이 될 것이며 겨울이면 또한 빙상 운동장이 될 것이다. 여기 서강 강가에 우리 학교의 별장이 설 것인 바 이 건물의 성격은 학생들의 구락부俱樂部식이 될 것이다. 강가에 근사하게 세워질 건물은 물론 우리 건축과에서 지을 것이며 정원을 비롯해서 모든 장식이며 가구, 다종茶鐘에 이르기까지 회화·조각·공예 등이 각과 합작으로 이루어질 터이니 생각만 해도 신이 난다.

집단 아뜰리에는 현재의 본관 뒷산 허리에다 5층 정도로 짓고, 분산分散 아뜰리에는 인왕산 서강 쪽으로 지어 나가 관악산이 보이도록 자리하고…….

이 분산 아뜰리에는 각과 4학년 학생들에게 하나씩 분배될 것이며, 물론 침식주거寢食住居 일체의 생활도 아뜰리에에서 하게 마련이다.

교수들의 아뜰리에도 이 분산 아뜰리에 구내에 두어 학생들과 같은 환경에 살며, 같이 일創作을 해야 한다. 강의실이나 실기실에서의 그것만이 공부가 아니라면, 아침저녁 밤낮없이

같은 환경의 교정에서 선생들과 학생들이 같이 생활하며 일하고 공부한다는 것이 얼마나 즐거운 일이며 더 큰 성과를 가져올 수 있지 않을까. 학원을 진실로 학생들의 즐거운 정원으로 만들어 주고 싶다. 즐거운 교실, 즐거운 작업실, 그리고 아름다운 교정을 생각한다.

새 학기부터는 우리 미술학부에 거창한 기계가 돌아간다. 강철을 자르고 녹이고 재목을 켜고 대패질을 하고 이러한 작업들이 순식간에 기계로 돌아 나온다. 또한 그릇器이 구워져 나온다. 도자기가 쏟아져 나온다는 말이다.

얼마나 실제적인 미술작업이 될 것인가. 이제부터는 명실공히 우리 미술학부는 예술 생산의 전당이 되는 것이다.

우리들이 생산한 미술품을 진열할 미술관을 지어야 한다. 주기적으로 또는 학기 단위로 우리들의 작품을 교체하여 연속 진열함으로써 학생 상호간의 좋은 경쟁장이 될 것이다.

교내 미술관이긴 하나 일반 공개도 할 것이니, 작품이 팔려서 재룟값이 생길 수도 있을 법한 일이다. 물론 공예과에서는 직매장을 가져야 한다.

그리고 우리 고미술품古美術品을 모집하여 진열하며 현대 국내 작가를 비롯해서 외국 작가의 작품도 수장해야 한다.

동서양 미술사며 문화사, 고고학 강의실도 이 미술관 내에 두어야 하며, 작품 해설, 작품 감상 시간도 여기 미술관에서 하

게 된다.

매년 1명의 외국 유학 장학생을 양성한다.

우리 학원에 이러한 제도를 둠으로써 세계적인 대 예술가가 틀림없이 우리나라에서 나올 수 있다고 생각한다. 파리국립미술학교의 '로마상' 이상의 빛나는 성과가 오르리라고 믿는다.

학생들에게 공부하지 않고는 못 견디는 재미나는 환경과 분위기를 만들어 주고 싶다. 그리고 옹색치 않은 시설도 마련해 주고 싶다.

이 봄부터 1962년은 와우산에 본격적인 홍익학원이 건설될 것이며, 그것이 우리 미술학부로 하여금 호사로운 꾸밈새가 되게 할 것을 은근히 기쁘게 생각한다.

여인과 지성

막이 열리면 한 폭의 〈베스파 벨〉이 보인다. 잠시 후 〈베스파 벨〉은 살아난다. 즉 농부와 아내는 괭이를 들고 바구니를 들고 스텝을 떼어 놓기 시작한다. 밭을 갈고, 씨를 뿌리고, 비가 뿌리고, 바람이 불고, 김을 매고, 가을이 되면 웃음과 노래로써 추수를 한다.

이것은 한국 무용가가 불란서[프랑스] 밀레의 〈베스파 벨〉을 테마로 한 창작 무용이다. 그 가운데에서 우리는 농촌 여성이 대자연과 더불어 수고하고 즐거워하는 삶의 모습을 엿볼 수 있다.

현대 필리핀의 미술계를 대표하고 있다고 할 만한 사람 가운데 헬란도 아돌솔로란 화가가 있다. 그는 그의 화재畵材로 필리핀의 생활과 농촌을 그리던 중 들에서 일하는 농민, 고기를 잡는 어부, 혼란한 시장터, 싸우는 닭 등을 즐겨 그렸다. 즉 그는 필리핀의 농촌을 그림, 즉 선·색채·구도·터치·질량을 통하여 탐구하는 데 의의를 느꼈던 것이다. 그런 가운데서도 바리오의 농촌 처녀를 이상화理想化한 것으로 유명하다. 아돌솔로 씨가 그리기 전까지는 밭에서 일하는 바리오의 처녀는 산간에

홀로 핀 꽃이나 흙에 묻힌 옥과 같이 모든 사람의 인식에서 제거되어 있던 것이다. 그러나 그가 그려 낸 바리오 처녀는 '깨끗하고 약간 물결치는 듯한 까만 머리, 붉은 입술과 두 볼, 맑고도 순박한 두 눈동자'를 가지고 있었다.

필리핀의 청년들은 이것을 어찌나 이상화하였던지 여자 대학생과 시골 처녀 중 어느 편에서 일생의 반려를 택할 것이냐 하는 문제에서 후자를 택하였던 것이다. 즉 그들은 아돌솔로의 바리오의 처녀를 지적하였던 것이다. 아돌솔로 씨는 왜 바리오의 처녀를 이상화하였을까. 필리핀의 청년들은 왜 바리오의 처녀를 동경하게 되었을까? 레이저, 젤을 가지고 숏 헤어를 하고 숏 스커트에 스웨터를 입은 모습은 확실히 현대 여성임을 인식시켜 준다. 뿐만 아니라 울트라 모던임을 알려 준다.

양키들이 무지와 빈곤의 지역이라고 한 아시아의 후진국가들에 있어서는 비교적 민감한 사람이 자기 주위의 누구보다도 빠르게, 될 수만 있으면 자기 혼자만 외국의 유행을 받아들이려고 하는 것은 있을 수 있다. 거기에는 무비판적인 친근감과 허영적인 모방, 자기 과시적 기호 벽이 없다고는 할 수 없겠지만 비교적 교양 있는 사람 가운데 흔히 볼 수 있는 것이다. 그러나 여기에서 윤리성·심미성·실용성·합목적성 등을 발견하게 될 때 그것은 유행이 아니요, 일반 대중의 적절하고 요긴한 상용품이 되는 것이다. 유행이 현명하고 엽기적인 개인에게 독점될

때 그 유행은 일반사회에서 일반대중에게 유리되고 격리된 특수성·폐쇄성 혹은 추상성을 면치 못할 것이다.

여인의 미를 논할진대 여인의 미는 이러한 유행의 첨단이라는 특수성에서 오는 것일까. 오히려 그와는 반대로 그 여인의 특수성은 그 여인의 개성을 말살시키는 것이 되지나 않을까. 고대 중국인은 여인의 미를 요조窈窕하다는 말로 표현했다. 이 요조란 말은 신체적 미를 나타냄은 물론이나 그보다는 우아하고 유연하고 정숙한 정신의 미를 나타내고 있는 것이다.

인도의 고대 시인은 「마하바라타」 시편經典 가운데서 덕이 높은 여인 드라우파디를 이상화하였는데 스데쉬나 황후는 그 여인의 미를 보고 감탄하여 "그 여인의 발목 뼈는 살에 가려졌고 다리는 긴밀하고 세 가지(목소리·지혜·배꼽)는 깊고 여섯 가지(코·눈·귀·손톱·가슴·목)는 높고 백조와 같이 불명不明하게 말하며 눈썹과 눈은 궁형을 이루고 입술은 빔바의 열매와 같이 붉고 목은 조개 껍질처럼 희다. 혈관은 가려지고 얼굴은 보름달과 같다. 카시미르의 암말과 같다."라고 찬미하였다. 가지가지의 신체미를 찬미하는 가운데 세 가지 것 중의 하나인 지력의 깊음을 잊지 않았다. 만일 드라우파디가 다른 여러 가지 미를 구비하고도 세 가지 중의 하나를 갖추지 못하였더라면 드라우파디의 미는 어떠한 미가 되었을까.

노라의 경우도 그와 마찬가지가 아닐까. 인형보다는 인간이

더 가치가 있는 것이 참인 모양이다. 생명의 입김이 담긴 회화를 잊은 인형이나 영원히 스텝을 잊은 여인의 소상塑像이 지니는 무언의 비극적 의미를 여인의 미를 논하는 문제에 적용시킬 수는 없을까.

여인은 무엇보다도 먼저 인간이어야 할 것이다. 도대체 인간의 독자적인 특성은 무엇일까. 도구를 만들고 집을 짓고 살림을 하는 것이 독자적인 것일까. 여러 가지 허다하고 특유한 점이 많을 것이다. 그러나 그 허다하고 특유한 경계선상에서 퍼덕이고 있는 깃폭 위에서 언어라는 표지를 읽을 수가 있다고 보겠다.

언어가 있기에 우리는 찻집에 앉아서 들창을 내다보며 이야기의 꽃을 피울 수가 있는 것이다. 그러기에 회화의 빈곤은 인간의 공동재산인 언어와 어휘의 빈곤이요, 언어와 어휘의 빈곤은 상징과 개념과 어휘와 논리와 지성의 빈곤이라 하겠다.

특권적인 의상, 유행의 폐쇄적 독점으로 코가 우뚝한 여인의 회화繪畵의 전개가 그 요란스런 차림에 정비례하여 가난하고 곤고하다면 아마 현대미술의 미학적 정신이란 프리즘을 통하지 않는다 할지라도 하모니의 결여를 곧 찾아내게 될 것이다. 시메트리와 밸런스의 파괴를 목도하게 될 것이다. 그러면 지성이란 언어와 어휘의 풍부를 지칭하는 대명사인가. 전자계산기는 수학자들을 능가하여 경이적 실력을 발휘한다. 그렇다고 해서

우리가 전자계산기를 인간이라고 부르느냐 하면 그렇지는 않다. 인간에게는 생명과 자각과 창조력이 내재하고 있는 것이다.

여인이 언어와 어휘를 많이 안다고 해서, 회화繪畵의 빈곤을 면했다고 해서 지성이 있다고 단정지을 수 없음은 전자계산기의 논리와 같을 것이다. 그러면 지성이란 어떻게 생겨먹은 것일까. 그것은 이해와 실천이다. 불법佛法에서는 탐구의 구극을 견성見性에 두고 있다. 기독교는 진리의 구극을 계시啓示에 두고 있는 것이다. 그러나 견성과 계시는 그것만으로 그쳐서는 반 조각 구슬에 지나지 않는 것이다. 견성에는 필연적으로 행行이 따르게 되고 계시에는 반드시 사회적 실천이 수반되는 것이니 성인도 철인도 고행하는 사람도 혁명가도 평범한 시정의 노인들이 행한 이 간단한 것을 위하여 감격하고 희생하고 노력하고 간 것이다.

어떠한 차림과 어떠한 말과 어떠한 일을 하여도 좋을 것이다. 다만 우리는 플러스하여야 할 것만이 우리의 가장 소중한 생명이라는 것을 잊을 수가 없다. 우리의 지성은 홀로 초월하여 홀로 먼지를 털고 앉아 깨끗할 수가 없다. 우리의 지성은 전통의 위엄과 역사의 생명에 근원을 두고 시대적·사회적 현재에 맞부딪쳐 이해하고 실천하지 않을 수 없는 역사성을 지닌 것이다. 선진국의 여성들이 조그마한 것이라도 남에게 도움을 주려고 노력하는 것은 수긍할 만한 일이라고 하겠다.

1955. 2

서울의 산

서울이 왜 좋은가 하면 산이 좋아 그런 것 같다. 남산이 약간 막힌 것 같기는 하나 저 남산은 아테네의 아크로폴리스로 생각되어서 나는 그것도 좋아한다. 아테네는 못 가보았지만 서울은 아테네와 흡사하다. 저 남산에 예술의 전당을 그럴싸하게 세우면 정말 근사하리라 생각해 본다. 서울은 기후까지 아테네와 비슷하다 한다. 니체가 말하기를 건조한 지방에서 천재가 난다 했고, 거기 아테네를 들었으니 만일 그렇다면 우리 서울에서도 천재가 나올 법하지 않은가. 과거에 천재가 나왔는지 그건 모르되 앞으로 나오리라고 믿어서 나쁠 게 없다. 산이 좋으면 물도 좋은 법이니 예로부터 산 좋고 물 좋은 곳에 사람이 난다는 말은 그럴듯하다. 역시 서울은 산이 좋아서 좋다. 어디를 향해서 가도 산을 보고 가게 된다.

1955. 2

그림 안 파는 이야기

나는 그림을 팔지 않기로 했다. 팔리지가 않으니까 안 팔기로 했을지도 모르나 어쨌든 안 팔기로 작정했다. 두어 폭 팔아서 구라파 여행을 3년은 할 수 있다든지 한 폭 팔아서 그 흔해빠진 고급차와 바꿀 수 있다든지 하면야 나도 먹고사는 사람인지라 팔지 않을 수는 없을 것이다. 그러나 어디 내 그림에 미치지 않고서야 그럴 인사가 있기를 바라겠는가.

그림을 팔지 않기로 작정한 다음부터는 마음이 편안하다. 혹시 전람회장에서나 그 밖의 어느 기회에 내 그림의 가격을 물어보는 사람이 있을 때는 "그 그림은 안 팝니다." 이렇게 똑똑히 대답하는 것이, 또 대답하고 나서 내 마음은 어찌나 통쾌한지 모르겠다. 사람의 마음은 이상해서 안 판다고 그러면 더 욱더 조른다. 그러나 나는 시종일관 안 팔아 왔다.

아, 그림을 안 파는 것 얼마나 속시원한 일인가. 이 심경은 화가가 되어 보지 않고는, 특히 한국의 화가가 되어 보지 않고는 모를게다. 그래서 내 공방工房은 자꾸만 내 그림으로 좁아 간다. 지금 나에게 있는 것이라고는, 통틀어 내 재산이라고는 내 공방과 내 그림뿐 그 밖에 아무것도 없다. 부산에서 돌아와서

산중 서울의 내 공방은 얼마나 허전했던가. 작가로되 자기 작품이 없는 화가를 생각해 보라. 그보다 더 가난한 자가 또 어디 있을 것인가. '화가도 하나의 직업이라면' 화가는 응당 그림을 팔아서 살아가는 것이 당연한 일일 것이다. 그러나 이 당연한 일이 그렇지가 못하다. 그렇지가 못한 우리 사회이기에 나는 일찌감치 단념했을지도 모르나 이러한 사회에서 설혹 그림이 팔린다고 해보았자 내 그림은 내 손에서 나가면 그만이다.

만일 내가 내일이라도 죽고 나서 가까운 친구들이 내 유작전遺作展을 해준다 치자. 흩어져 버린 내 작품들이 모아질 것으로 생각하는가.

적어도 미술 작품은 '수장'의 입장에서 사지 않으면 안 된다. 기분·실정·의리·동정 같은 따위의 사교로 미술 작품을 사서는 안 된다.

그러기에 우리나라에 신용할 수 있는 정당한 '수장가蒐臧家'가 나오지 않고는 오늘도 내일도 미술가는 그림으로 생활하기가 어려울 것이요, 또한 팔리는 미술가일지라도 평생 제작이 풍비박산되고 말 것이다.

전란으로 내 그림은 다 없어지고 말았다. 내 생애 전반의 역사는 없어지고 만 셈이다. 범범凡凡 이하인 내가, 그 새파란 애송이가 했으면 무어 대단했겠는가마는 라파엘이나 고흐로 치면 나는 벌써 죽어 버렸을 나이 아닌가. 이 천재적인 위대한 예술

가들을 들어 나와 비교한다는 것은 본시가 되어 먹지 못한 소리나 여기서는 단지 그들의 나이만을 인용한 것이다.

하여튼 내 그림은 내가 아끼는 수밖에 없다. 나는 그래도 내 그림이 귀엽다. 언젠가 글로도 쓴 바 있지만 문둥이도 제 자식이 귀엽듯이 나도 내 그림이 아니 귀여울 수가 없다.

이제 나는 내 귀여운 여자(작품)를 많이 많이 만드는 길밖에 없다. 한 20년쯤 후에 나는 내 손으로 미술관을 지을 생각이다. 장소는 깊은 산중. 입관료入館料는 무료로 하되 도록圖錄만은 팔 것.

그림은 절대 안 판다는 얘기부터 나왔으니 그러면 너는 어떻게 먹고사느냐고?

그러기에 외국 여행을 못하고 있습니다. 돈 없이 살 수 있는 나라는 우리 코리아를 제외하고 또 어디 있습니까. 외국은, 구라파는 꿈에나 가보고, 살기는 철저히 우리 한국에서 살기로 했습니다.

1955. 3

가시울타리랑 걷어치우고

우리도 좀 재미나게 살 수는 없을까. 사는 것이 신바람이 나는 그러한 방법은 없을까. 사람은 혼자만이 재미있게 살 수 없는 것이다. 서로 어울리고 사람을 사람으로 알아보고, 가시울타리도 걷어치우고 살 수 있지 않을까.

내 일에 바빠서 신문도 꼼꼼히 못 읽지만 의원 입후보자나 대정당大政黨까지도 그 선거공약에 '예술문화'에 대한 정견 한대목이 끼여 있는 것을 발견하지 못했다. 그 사람들(정치인)에게 바라는 것으로 체념해 버리는 것이 옳은가?

대한민국에는 예술이 아직도 필수품이 아닐지도 모른다. 우리나라의 예술학교는 하나의 사치품 생산공장일지도 모른다.

수도 서울에서 촛불을 켜고 우물물을 먹으며 통행금지 속에서 산다. 원시적이고 보다 화기애애한 생활을 하는 운치로 보아 왔지만 이 속에서도 우리는 재미나게 살고 싶다.

1955. 3

청백자 항아리

내 뜰에는 한 아름되는 백자白磁 항아리가 놓여 있다. 보는 각도에 따라 꽃나무를 배경으로 삼는 수도 있고 하늘을 배경으로 삼은 때도 있다. 몸이 둥근 데다 굽이 아가리보다 좁기 때문에 놓여 있는 것 같지가 않고 공중에 둥실 떠 있는 것 같다. 희고 맑은 살에 구름이 떠가도 그늘이 지고 시시각각 태양의 농도濃度에 따라 청백자青白磁 항아리는 미묘한 변화를 창조한다. 칠야삼경漆夜三更에도 뜰에 나서면 허연 항아리가 엄연하여 마음이 든든하고 더욱이 달밤일 때면 항아리가 흡수하는 월광月光으로 인해 온통 내 뜰에 달이 꽉 차 있는 것 같기도 하다.

억수로 쏟아지는 빗속에서도 항아리는 더욱 싱싱해지고 이슬에 젖은 청백자 살결에는 그대로 무지개가 서린다.

어찌하면 사람이 이러한 백자 항아리를 만들었을꼬…….

한 아름되는 백자 항아리를 보고 있으면 촉감이 동한다. 싸늘한 사기砂器로되 다사로운 김이 오른다. 사람이 어떻게 흙에다가 체온體溫을 넣었을까.

1955. 5

놀란 토끼

비석飛石이가 그림을 모른다는 것은 겸손의 말씀이고 실상은 내가 소설을 모른다. 소설을 모르지만 비석이의 매력은 읽히는 힘이 아닌가 싶다. 자기는 꽤 늙었다 자처하지마는 내가 보아서는 아직도 새파란 청년 소설가인데 거창한 인간을 다루는 데는 다시 보게끔 인간 비석이의 깊이를 알겠고, 역사물歷史物 같은 것을 보아도 젊은 친구가 언제 그러한 공부를 했는지 칭찬 아니 할래야 않을 수 없다. 그래서 비석이의 작품을 늘 읽게 되는데, 나뿐이 아니라 다른 여러 독자들도 비석이의 것을 아니 읽을 수 없고 그럼으로 해서 비석이는 소설가로 유명해지나 보다.

비석이의 책이 나오는 족족 기증을 받고 있지만 나는 그림 한 폭 증정하지를 못했다.

지금은 타버렸지만 수하동水下洞의 옛날 비석이 서재에 걸려 있던 내 소품小品 〈주병일화酒瓶一花〉는 약탈당한거지 내가 증정한 것은 아니다. 내가 비석이란 소설가에 대해서도 유별나게 노소동락老少同樂을 하는지라 내 산가山家에 오는 때는 이러한 짓도 곧잘 한다.

비석이의 소설이 앞으로 더 많이 팔려서 지금 살고 있는 그까짓 귀속가옥歸屬家屋이 아니라 정말 좋은 집을 짓고 좋은 서재를 갖게 되는 날에는 최상급의 내 작품을 그의 서재에 한 폭 걸어 줄 생각을 하고 있다. 나는 소설가로 유명한 비석이가 아니라 그냥 인간 비석이로 친하지만 사람들의 말을 들으면 비석은 굉장한 소설가라 한다. 그래서 나도 예술가로서도 존경할 뿐더러 이러한 고명한 소설가와 '너', '나'로 막역하게 지낸다는 것이 은근히 자랑도 된다.

「성황당城隍堂」에서 「자유부인自由夫人」에 이르기까지 비석(정비석)이는 막히지 않고 줄곧 잘도 써오기만 했다. 다소 보태서 말하면 비석이가 쓰지 않으면 우리나라 신문 잡지가 못 나오게끔 되어 있으니 바짝 마른 조그마한 친구의 어디서 그러한 정력이 솟는지 실로 알 수가 없는 일이다.

비석이는 술은 못한다. 약주 한 사발에 녹는 패다. 허나 주석酒席에 끼기를 좋아하는 것을 보면 친구 따라 강남 가는 격으로 친구들을 떠나지 못하는 고독성을 가졌다. 술보다 단것을 더 좋아하는 이 친구가 작품 속에 술의 세계를 묘사하는 것을 보면 제법 술을 아는 것도 같고, 그러므로 인생의 앞뒤도 아프도록 그리는 그러한 예술가다.

밥은 언제 봐도 뜨는 둥 마는 둥 하며 극히 소식小食하는 친구다. 그래서 살도 찌지 않겠지만 이 친군 늙기도 전에 얼굴에

깊은 주름살이 접히는 것을 보면 소설 쓰는 것이 저토록 힘든 일인가 생각되는 때도 있다.

서울신문에 「자유부인自由夫人」이 연재되던 무렵이다. 나는 신문 소설을 읽지 않는 사람이지만, 아는 친구의 소설이라 의리상이라도 읽지 않을 수가 없어 아내의 구전口傳으로 대충대충 「자유부인」을 감상해 가던 중 하루는 아내가 정색하고 하는 소리가, "비석 씨도 지금은 틀렸어. 비석 씨도 타락했어요" 이러했다. 황黃 교수와 「자유부인自由夫人」 소동이 일어나기 전 일이다. 정비석이를 좀 때려야겠다고 제 딴에는 비평문을 십여 장 썼던 모양인데 아내는 그것을 없앴는지 어쨌는지 그 후 아무 소리 없이 매일같이는 아니어도 꾸준히 「자유부인自由夫人」의 하루하루의 발전을 나에게 들려 주었던 것만은 사실이다.

한번은, "너 왜 비석이를 욕하면서도 열심히 「자유부인」을 읽느냐" 했더니 "당신 때문에 읽잖아요" 한다. 나 홀로 생각하기를 이것은 핑계렸다. 그런 적이 있었다.

세칭 대중소설가 순수소설의 한계를 나는 모르지만, 저 노벨문학상을 탄 헤밍웨이 씨도 말하자면 대중소설가에 드는 작가가 아닌가 생각한다. 내가 왜 이야기를 하는고 하면 4, 5년 전에 비석이가 나보고 한 말이 있다. 자기는 좀 더 대중소설을 착실히 써보고 싶다고.

석이의 별호는 '놀란 토끼'란다. 일찍이 그가 어느 여학교에

서 교편을 잡고 있을 적에 여학생들이 붙인 이름이다. 나는 이것이 어찌 그리도 비석 형에게 잘 맞는지 아이들의 센스에 상을 주고 싶었던 일이 있다.

1955. 5

까치

까치가 울면 반가운 손님이 온다고 해서 창밖에 까치가 울면 반가워진다. 혹시나 친구가 찾아오지나 않나 기다려지기도 하나 대개는 오지 않는다. 반가운 친구가 오든 말든 아침에 우는 까치 소리는 무조건 반가웁다.

깍깍-우는 까치의 저 단조로운 소리가 왜 저리 참신하고 상쾌하고 청명하고 다정한고. 똑 냉수로 세수하고 난 뒤와도 같은 청쾌한 소리다.

희고 검은 순박한 빛깔이 또한 공작의 찬란한 사치보다 더욱 다정하다. 약간 까불어서 신경질적인 데가 있기는 하나 그 동작 역시 경쾌하기로 고만이다.

아침에 까치가 울면 반가웁고 이렇게 산중에서 살면 사람이 그리워진다.

1955. 1

여섯 평 공방에서 허송세월

나는 작품을 만드는 것이 대단히 느리다. 소폭 가지고도 반 년 일 년을 뻬댄다. 제작 진도에 어느 정도 스피드가 있어야겠다고 생각은 하나 도무지 안 된다. 지금 내 공방에는 미완성 작품이 반이다. 이것들은 그중에는 1년 전 내지는 환도해서 시작한 것들도 많다. 이렇게 오래 걸려서 된 작품이 그야말로 걸작이라면 몰라도 그렇지가 않아서 걱정이다.

사실은 제작 시간보다 나가서 노는 시간이 몇 갑절 더 된다. 그것이 또 노는 것도 아니다. 지쳐서 돌아온다. 나가서 시간을 허비할수록 마음은 늘 바빠진다.

요즈음은 부쩍 대작을 하고 싶어지는데 6평 공방에서는 어찌할 도리가 없다. 20평 화실을 설계해 놓았지만 가망이 없다. 생각해 보면 이 여섯 평 공방도 완전히 쓰고 있다고 할 수 없다. 비워 놓는 날이 많기 때문이다.

최근 산처山妻의 파리 편지에 이러한 구절이 있다.

"여기 좀 와 봐요. 여기 화가들이 얼마나 공부를 하고 있는가를."

누가 모른다나. 파리를 가봐야 알 일이 아니다. 그러나 마음

은 늘 바빠진다. 이 허송세월을 풀 길이 없다. 피카소도 여기 갖다 놔봐라. 별도리 없으리라.

1956. 6

내 아끼는 딸에게

-파리로 떠나면서

영숙아! 이 편지가 『여원』에 발표되어 나올 때 아버지는 파리에 가 있을지도 모른다. 이렇게 생각하니 어쩐지 섭기까지 하구나. 이 산중에 너희들만 두고 더욱이 파파노인 할머니까지 맡기고 엄마 아빠만이 그 먼 파리에 가다니. 설마 원망이야 하겠냐마는 좀 섭섭하겠니. 너도 알지만 내 어디 잘 가니? 고향에도 못 가는 사람 아닌가. 무슨 바람에 네 엄마 나도 못 간 파리에 보내 놓고 우리 고생이라면 고생도 좀 했지? 헌데 또 나마저 무슨 떼바람에 불려 파리에 가게 되나 보니 오죽이나 허전하겠니.

"아버지는 좋기도 하지, 엄마 만나러 파리에 가시니."

"요것 못 할 소리가 없구나."

참 세월은 빠르지? 네 엄마가 집을 비운 지가 이제 한 달이면 꼭 1년이 되는구나.

어찌 생각하면 긴 것도 같다마는 아버지는 휘휘 돌아 엄마 앞세우고 빨리 돌아올 테니 고생스럽고 허전하더라도 할머니 잘 모시고 집단속 잘하며 동생들 잘 돌보아 주고 공부 열심히 해라. 너희들 비행장에 마중 나올 땐 파리의 선물을 한아름 안

겨 주지. 그리고 지금 내 장담은 못하겠다마는 좋은 책들 늘 사보내줄게. 특히 이집트 화집과 신간 미술 잡지는 꼭 사보내 주고 싶다. 다른 공부도 열심히 하려니와 실력을 쌓도록 해라.

내 다녀오면 너희들도 바람을 쐬야 하지 않겠지? 재수 좋으면 그곳에서 부르게 될지도 모르겠다마는, 그리고 불란서[프랑스]에 가기 위해서 꼭 불어를 공부하라는 건 아니다마는…… 기왕에도 너희들한테 여러 번 얘기한 바와 같이 우리나라 여성들도 해외 바람을 쐬어야 한다고 생각한다.

아버지의 주관적인 생각일지 모르지만 우리나라의 현실사정으로 보아 남성보다 여성의 위치가 더욱 소중하지 않느냐? 물론 단순한 문제는 아니겠지. 그러나 이제부터의 문화 향상을 바라기 위해서는 오늘의 우리 살림살이에 혁명을 가져오지 않으면 안 되고, 가장 상식적인 얘기로 그 생활 혁명은 여성이 앞장을 서야 할 것 같다. 특히 너는 그림을 그리니 서구의 오리지날을 보아야 한다. 내 거기 가면 보고 느낀 대로 자주 편지는 하겠다마는 조형 미술造形美術에 대한 우리들의 서구적인 관념이 다소 잘못돼 있지 않나 하고 생각된다. 만일 그렇다면 우리들은 진짜를 봄으로 해서 많은 공부가 될 것 같다.

너는 색감과 붓끝 재주는 있다면 있는 편이겠지. 그러나 너는 열심히 그리지를 않아.

생각나면 붓을 드는 그러한 공부 가지고는 네가 꿈꾸는 그

러한 예술가는 될 수가 없어. 365일 아니 죽을 때까지 자고 새면 하루라도 팔레트에 빛깔을 짓이겨 보지 않고는 한 달이고 목욕을 못해 생리가 개운해질 수 없는 것처럼 돼버려야 한다. 날이 날마다 그림 그리는 것이 생활이 돼버려야 한단 말이다.

너는 아버지보다도 붓을 안 드니 그래서야 되나. 아버지가 떠나면 내 화실도 빌 테니 부디 열심히 공부해야 한다. 그리고 밤엔 책을 많이 읽어야 한다.

작품 제작이 꼭 막힌다는 것은 기술에 있는 것이 아니고 두뇌 빈곤에서 오는 것이니 두뇌적인 면에 적극 공부를 해야 한다. 그리고 특히 말해 둘 것은 우리의 도자기를 이해해야 한다. 그 포름 색질감色質感, 그리고 그놈이 발산하는 공간의 지배- 대단한 것이라고 생각한다.

자칫하면 경주 석굴암 가지고 야단이지만…… 물론 안 좋다는 것은 아니다. 우리의 생활을 조선 자기에서처럼 구체적으로 볼 수 있는 것은 다른 것에서 조형의 전통을 보기가 힘들기 때문이다.

조선 자기에는 그만 우리 생활이 찌들어 있느니라.

여기까지 쓰다 말고 차가운 숭늉을 마시고 기지개를 켜자 한꺼번에 물소리가 들려 오는구나. 너희들은 지금 아랫방에서 단잠이 깊어 있는데 나는 꼭 너희들을 지키고 있는 것만 같구나. 난생 처음 머언 여행을 받아 놓고 있는 아버지는 전에 없이

센티해지나 보지?

그럼 부디 할머님 모시고 몸 성히 잘들 있거라.

다음 편지는 파리에서 띄우마.

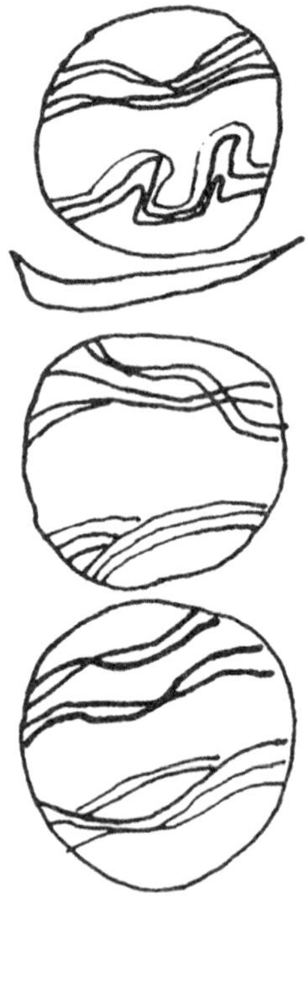

처녀출품

1935년 가을에 일본 이과회二科會에 처음 출품해 보았다. 제題하여 〈종달새 노래할 때〉라고 붙이었다. 생각컨대 이것이 아마도 나의 처녀 발표였던 것 같다.

그러니 졸업반이라는, 당당히 발표할 수 있는 자격을 얻은 후에 또한 제작 의식이 확실해진 연후에 생산된 〈종달새 노래할 때〉가 역시 나의 처녀작이요, 처녀 발표요, 또한 초 출품일 수밖에 없다.

명제命題도 바로 그렇지만 실제 작품의 내용과 형식이 여간 달콤한 것이 아니었다. 나는 지금도 대단한 낭만주의자이지만 그때는 그만 낭만으로 살았던 때인지라 〈종달새 노래할 때〉는 달기만 했던 작품이었다. 모델은 없이 제작했으나 누이동생 사진을 보며 머릿속으로 그렸던 작품이었다. 구름, 버드나무, 새알鳥卵들이 보이는 지극히 남방적인 풍토를 느끼게 하는 그림이었다.

나는 남방의 따사로운 섬에서 나고, 섬에서 자랐다. 섬이란 태풍이 오기 전에는 평화롭기만 했다. 사철이 다 그렇지만 특히 종달새 노래하기 시작하는 봄이면 살았나 죽었나 한계를 모를

정도로, 하여간 무엇인지 모를 것들이 느껴지기만 하던 내 고향이었다.

나의 소년 시절의 이러한 것들을 표현해 보려고 내 딴에는 애써 보았던 것이 한 달 만에 〈종달새 노래할 때〉로 이루어졌다. 이과전二科展에 요행이 초 출품初出品 초 입선初入選이 되었다. 나는 그날 밤 스탠드바에서 아부상을 마시며 라디오에서 들려오는 내 이름을 들었다. 동료들이 축배를 들어 주었다.

술은 취하고 그저 기쁘기만 했다. 밤새도록 〈미술가의 노래〉와 〈파리의 지붕 밑〉을 불렀던 생각이 난다. 이래서 청년은 아름다운지도 모른다.

신문과 잡지에서 추켜 주기도 하고 학교의 정면 현관에는 전지全紙에다 내 이름을 크게 써 내걸고 축하해 주기도 했다. 또한 학생 시절은 이래서 좋은지도 모른다. 이제 어언 그로부터 20여 년, 그렇게 긴 세월은 못 되나 또한 짧다 할 수도 없다.

지금 이 글을 쓰며 처녀 발표 때를 회상하게끔 나도 어느 위치에 와 있음을 똑똑히 느끼며 앞으로 몇 폭의 그림을 그리다 죽을 것인가를 생각해 본다.

1956. 5

자화상을 그리며

내 방엔 거울이 없다.

이틀 걸러 하는 면도도 거울 없이 한다.

내 얼굴을 들여다볼 기회가 없다.

이발소 걸상에 앉아 체경에 비치는 내 얼굴을 무심히 바라볼 때는 내 얼굴이 그만 싫어진다.

좁은 이마에 작은 코에 입까지 조그맣고 근자엔 광대뼈가 나오기 시작한다. 아무런 특징이 없는 평면적인 얼굴이다.

그러기에 마음씨가 좁고 심약心弱한지도 모른다.

굳이 내 얼굴에서 좋은 구석을 찾아내라면 눈이 아닌가 싶다. 눈이 잘생겼다든가 샛별같이 빛난다든가, 그래서가 아니라 물상物象을 정확히 볼 줄 아는 눈이기 때문이다.

이러한 눈이 근자에는 희미해지기 시작한다. 특히 과음하고 난 다음 날은 더욱 그러하다. 아이들 방에서 손바닥만 한 거울을 빌어다 이 자화상을 그리느라고 모처럼 내 얼굴을 들여다보니 누렇고 까만데다 주름살까지 새로 보인다. 눈동자도 맑지가 못하고 흰자 위에 붉은 기가 돌아 막걸리에 절은 농사꾼의 눈이다. 술을 끊지 않는 이상 내 눈은 더욱 못 쓸 것만 같다.

파리 통신 I

-조각가 Y씨에게

불재佛齊! 아득하게만 생각되던 파리가 막상 와놓고 보니 그렇게 멀지도 않구려. 또 이렇게 조용한 화실에서 새 소리까지 듣고 있으니 도무지 파리 같지가 않고 꼭 성북동 연장 같기만 하오. 어제 새벽에 파리에 내려서 그 길로 샴페인에 취하여 뤽상부르 공원을 산보하지 않았겠소. 역시 파리는 좋구려. 이래서들 모두 파리, 파리했나 보지. 아직 거리 구경은 못 나갔소만 당분간 내가 살게 될 동네 구경만으로도 넉넉히 파리 전체를 상상할 수가 있는 것 같소. 요행히 내 화실은 뤽상부르 공원 가까이 있고 담배 피워 물고 나가면 곧 몽파르나스에 나가지고 거기 발작의 동상이 서 있다오. 책에서만 읽고 말만 듣던 카페 구폴도 바로 여기 있구려. 아, 그 풍성풍성한 그림 재료는 눈요기만 해도 열이 내리는구려. 한데 불재, 파리 떠나오시구려. 파리서 한턱 잘 쓸 테니. 그리고 술 좀 작작 먹어요. 그 비싼 술 작작 먹으라니까. 술을 할 테면 여기 와서 해요. 파리에서 제일 싸고 맛 좋은 건 술이 아닌가 싶거든. 내 따위 에트랑제Etranger[외국인]도 식탁에는 진한 포도주가 놓이거든. 어디 술뿐이겠소.

허나 난 이제부터 술을 않기로 했소. 좋은 파리에 와서 술을 않는다는 것은 일종의 바보요, 또한 인생 최대의 손실일지 모르지만 역시 술보다 그림을 그려야겠소.

창밖에 뭇 새가 지저귀오. 우거진 마로니에 숲에서 새들이 모여 사는 것 같소. 산처山妻가 나를 위해 이렇게 좋은 환경에 아뜰리에를 구해준 모양이오. 그래도 나는 아직도 다복한가 봐. 파리에 오자마자 그냥 제작에 착수할 수 있는 이러한 화실에 들 수 있다는 것이 무조건 감사하기까지 하오. 또 바로 가까이 있는 뤽상부르 공원이 여간 마음에 들지가 않거든. 나는 여길 자주 산보하기로 했고, 또 사생도 하기로 작정했소. 그리고 싶은 모티브가 산더미 같구려. 공원에서는 모두 연애들만 하고 있구려. 이렇게 보면 모두 연애하기 위해서 사는 것만 같아 보이오.

5월 7일 아침, 아내는 학교에 가고 나 홀로 불란서[프랑스] 담배를 피우며 고국을 생각하고 친구들을 생각하여 붓을 들었소. 창밖에 또 새들이 울어대는구려. 밤낮 꾸물거린다는 파리의 날씨가 이렇게 좋구려. 마치 우리 서울 일기 같구려. 어제는 세느 가街에 나가 며칠 화랑들을 보았는데 거기 참 좋은 조각전이 있더군. 이름은 잊었으나 자코메티 비슷한 작품들이었는데 브론즈와 철판 구성 등으로 퍽 재미나게 보았소. 개나리 가지 같은 나무를 그래도 브론즈로 떠서 이 가지를 대밭竹田같이

만들어 그 나뭇가지에 손과 발들을 적당히 붙여 마치 죽림에서 사람이 춤추는 것 같은 이러한 작품들이 퍽 재미나더군요.

어쨌든 형도 여기 와서 일 좀 하시오. 그리고 형도 소품을 좀 하시오. 소품을 주로 자유로운 일을 하지 않겠소? 애착은 역시 소품에 가는 것 같소. 방 어느 구석에 정원 어느 구석에 놓고 보는 것이 애착이 가는가 싶구려. 철판 구성 및 작품들은 참으로 욕심이 동하더군. 그런데 나는 개인전을 시월 달로 미루었소. 그리하여 이번 여름에 제작을 해서 오는 가을에 세느 가街 화랑하고 오스만 가街 화랑 두 곳에서 한꺼번에 발표전을 하기로 했소.

5월 11일, 밤 12시가 지났소. 몽파르나스에 나가 다노아비에르(덴마크 맥주)에 얼큰해져서 들어왔소. 우리나라 술값에 비하면 싸기도 하나 여기 돈으로 치면 싼 것도 아니오. 거리의 등의자에 앉아 쓰고 싸늘한 맥주…… 아 이러다가도 문득 멀리 고향의 통행금지 시간의 사이렌이 들려오는 것 같구려. 이 사이렌 소리는 내 귀에만 들리는 것 같구려. 도천陶泉, 청구靑駒, 또 그 밖의 친구들이 이 시간에 택시나 지프를 잡으려고 종로거리를 휘청거리는 모습이 또 한눈에 보이오. 여기는 파리인데…… 가스등이 휘황한 몽파르나스인데…….

5월 17일 밤 12시, 어제는 공관公館에 가서 남관南寬 형을 만났지. 모두들 잘 있는 모양. 카페에 들러서 그동안 격조했던

이야기, 고국 화단 소식, 파리 미술품 이야기- 여하튼 반갑습디다. 남형南兄이 영선泳善 형에게 연락하여 오는 일요일 우리 집에서 저녁 먹기로 약속했지.

참 엊그제는 살롱 드 메Salon de Mai를 보았는데 시시하더군. 여기 피카소, 레제 것이 진열되어 있었으나 감동할 수는 없었어. 그리고 조각부엔 목조와 철판(철사) 작품들이 있는데 모두가 추상 작품들로서 회화부보다 좋은 것 같습니다.

또 브라크 개전個展을 보았는데 전부 10점 정도로 깨끗한 개전이었소. 카탈로그가 호화판인데 1부에 1천 5백 프랑, 여기 조각 소품이 3, 4점 진열되어 있는데 모두가 주먹만하여 들 수 있는 소품 브론즈로서 노리개같이 퍽 재미납디다.

여기는 석고상이 없고 거의 브론즈인 것 같고 또한 철판이나 철사 소재가 대유행인 감을 줍니다. 역시 대단히 재미난 소재 같아요. 그리고 뤽상부르 공원에 새로 세운 전사한 학생을 기념하는 동상이 있는데 작가는 모르겠으나 대단히 좋은 작품입니다. 퍽이나 날카롭고 신경질적인 작가 같은데 나는 퍽 마음에 든 작품입니다. 도대체 조각이란 석조·목조·브론즈가 아니면 안 될 것 같아요. 석고를 그대로 작품화하는 것은 어딘지 흐뭇하지가 않은 것 같습디다. 조소彫塑는 역시 브론즈로 나와야 하는 것 같소.

오늘은 종일 그림을 그렸지요. 아직 루브르에도 안 가봤소.

매일 붓을 듭니다만 아직 자리가 안 잡히는군요. 차차 근처에 나가 가두 풍경이나 사생해 볼까 하오.

5월 21일(월) 정오, 이 편지 오늘은 끝내서 부쳐야겠소. 참 좋은 날씨요. 파리는 어찌도 노는 날이 많은지 월요일은 으레 놀고 또 화요일도 논다나. 어쨌든 핑계 삼아 노는 날이 하도 많아서 자칫하다간 식사를 못 하는 수가 많소. 참 어젯밤에 몽파르나스에 나갔더니 발작[발자크] 동상 앞에 꽃다발이 놓여 있더군. 무언지 감동됩니다.

박朴·남南, 어제 저녁 같이하고 꼬레앙(한국인)끼리 한바탕 떠들었지. 모두들 용하게 살아가지?

5월 22일(화) 아침, 어제는 뜻밖에 내객來客이 있어 편지를 끝내지 못했소. 어젯밤엔 샹젤리제에 나가(11시에) 〈피카소의 비밀〉이란 최근 영화를 보았소. 피카소의 제작 과정을 영화화한 것인데 여간 공부가 되지 않았소. 우리 학생들 보여 주고 싶은 마음이 간절합디다. 벌거숭이 늙은이가 일을 하고 있을 것을 보니 이상한 생각이 들더군요. 거기 이러한 장면이 하나 있더군. 작품 하나를 가지고 무려 수십 회나 고쳐서 그리다가 결국은 빽빽 문질러 버리자 "그 작품 참 좋지 않느냐"고 한 사람이 말하니 "좋지 않다"고. "그러나 관중은 좋게 생각한다"고 다시 말하니까 "나는 관중을 위해서 제작해 본 일이 없다"고 그러더군. 천연색 영화인데 여간 좋지가 않아요.

지금 이 영화가 대인기인 모양인데, 우리나라에선 언제나 볼 수 있을까?

창밖에 아카시아꽃이 떨어지는구려. 삼선교엔 이미 졌겠지? 지금은 완전히 초여름입니다. 역시 서울이 그리워지는구려. 이제 돌아가면 어디 멀찍이 교외에다 화실이나 짓고 두문불출 제작이나 해야겠소. 그리고 소풍 삼아 2, 3년 만에 파리나 다녀가고…… 역시 발표 장소는 파리인 것 같아. 지금 내가 살고 있는 화실 좌우엔 전부가 미술가들이라오. 지금 내 아뜰리에에 있던 사람도 여류 조각가였고 앞방도 여류 조각가, 밑에 방도 조각가男라오. 밑에 방 조각가는 약 35, 6세 된 사람인데 주로 목조를 하더군요. 날마다 망치 소리가 들려오는데 자연 형 생각이 나곤 하오. 형은 아무래도 목조에 체질이 맞는 것 같아. 그리고 우리 민족의 재질도 목조에 있지 않을까요. 아, 여기 목조 연장들이 참 좋은 것이 많구려. 나도 좀 있다가 몇 개 장만하여 깎아 볼까 하오. 형, 나는 아무래도 항아리와 인연이 있나 봐. 이 방 여류 조각가의 오빠가 도자가陶磁家를 하는데 조선 자기를 잘 안다오. 아직 만나지는 않았는데 한번 그 분의 제작실을 방문할 생각이오. 그이의 작품으로 지금 내 방에 똑 조선 항아리와 흡사한 전기 스탠드가 하나 있소. 일전에 박朴·남南이 와서 내가 가지고 온 우리 항아리로 착각할 정도이니 대강 짐작하시겠지. 그리고 이 화실의 본 주인은 예술상까지 받은 화

가이며, 그이의 따님이 조각가라오. 지금 조각가는 남불로 휴양가 있소. 아침 방송이 들려오오. 샹송이 참 좋구려. 형, 불어 공부를 해오시오. 낙어落語는 쓸모가 없구만. 영어는 완전히 못해도 좋으니 초보라도 하는 데까지 해가지고 오시오. 역시 말못 하면 무의미, 또 다음 소식을 보낼 때까지 안녕. 樹話

1956. 6

파리 통신 Ⅱ

11월 27일.

C형에게.

안녕하십니까. 엊그제같이 생각되나 벌써 반 년이 더 되도록 형네들과 못 만나고 있구려. 나는 지금도 간혹 착각하도록 여기가 파리인가? 그런 때가 있소. 도무지 나가지 않고 날을 보내기 때문에 바깥세상도 똑 서울 같이만 생각되는구려. 허나 또 이상한 것은 운동 삼아 우유나 빵을 혹시 사러 나가 보면 오래오래 살아온 거리(파리)도 같구려. 신문 파는 가게 앞에서는 군밤도 파는구려. 군밤들을 참나무 장작으로 구워요. 우리 밤보다 좀 더 단 것 같으나 짜개밤이 많거든. 겨울에 들어서니 파리의 실감 이러한 것 같소. 파리의 겨울은 춥고 음산하고…… 똑 활동사진에 나오는 그러한 불행한 파리이나, 이걸 애수라 해서 좋아들 하나 보지요? 더러 신문에 재미난 것 발견되면 오려 두고 오려 두고 하다가는 못 보내고 맙니다. 어디 신문뿐이겠소. 사 보내고 싶은 것, 보여 주고 싶은 것, 향취 높은 술…… 형네들이 그립기만 하오.

어젯밤엔 라틴구 어느 카페에 들렀더니 대학 노老 교수가

노트를 정리하고 있고, 중년 문학가들이 시고詩稿 비슷한 원고를 둘러싸고 일대 비평이 벌어졌습니다. 내 알아듣지는 못하나 센스라는 거 있거든. 애급[이집트]전쟁 바람에 설탕을 맘대로 살 수가 없고, 기름, 석탄-모두가 어렵구려. 내가 다년 훈련을 쌓은지라 까딱하지 않지만 시민들, 약간 초조한 모양…… 파리에 와서 정말 바쁘기만 하오. 하루 10시간에서 15시간을 일을 하고 있소. 그러잖고는 당해 낼 수가 없구려. 그러기에 친구들께 편지도 못 쓰고 말공부도 못하고 있소.

내 예술은 하나 변하지가 않았소. 여전히 항아리를 그리고 있는데 이러다간 종생 항아리 귀신만 될 것 같소.

여기 와서 느낀 것은 시정신詩精神이오. 예술에는 노래가 담겨야 할 것 같소. 거장들의 작품에는 모두가 강력한 노래가 있구려. 지금까지 내가 부르던 노래가 무엇이었다는 것을 나는 여기 와서 구체적으로 알게 된 것 같소. 밝은 태양을 파리에 와서 알아진 셈.

지금 나 있는 방은 여기로 치면 5층 우리나라로 치면 6층인데 자동차 소리가 그야말로 천길 아래서 들립니다. 이 겨울을 좀 편히 날까 하고 호텔로 와 있습니다. 국내 소식 궁금하오.

『현대문학』 잘 팔리오? 필시 안 팔릴 것 같아 표지 그려 보내니 안심하고 만여 부 더 찍도록 하소. 이거 명동 막걸리 먹고 그린 것 아니고 밑천이 꽤 들었으니 고찰하시고 고료는 일급으

로 해주실 것. 우리 아이들 겨울철 용돈이 아쉬울 것 같아 부탁하니, 『현대문학』에서 몇 장 고르시고 그 밖의 것은 적당히 팔아서 적더라도 모갯돈을 만들어 아이들께 전해 주시면 감사하겠습니다. 가능하시면 우편 송금郵便送金 해 주시압. 성북동 31의 2 김영숙金英淑 앞. 되도록이면 빨리…… 12월 20일까지는 정말 시간이 없겠소. 표기 주소表記 住所로 소식이나 주시구려. 향안鄕岸 여사도 이거저거 바쁜 모양. 애기만 하고 편지 한 장 못 쓴다오…… 문예살롱 인사들께 문안 말씀 전하시소.

O형은 그동안 서울로 가솔家率해 오셨는지? 각장各狀 못 쓰니 말씀 전하시오.

1957. 1

파리 통신 Ⅲ

향사香士! 마음이 좀 가라앉으면 여기 소식을 전하리라 맘먹은 것이 여지껏 소식을 드리지 못했소. 미루기만 하다간 한이 없을 것 같아서, 짧은 시간을 타서 문안 겸 그냥 몇 자 적는 것이오. 그동안 모두들 별고 없는지요? 향사, 그동안 제작 많이 하였을 줄 아오. 난 여기 와서 두 달째 되나, 별로 나가지 않고 틀어박혀만 있소. 루브르도 아직 못 가고 있소. 그저 몸이 고단하기만 하고, 국내에서와 똑같이 만사가 귀찮기만 하구려. 그러나 여기 와서 생각나는 것은, 향사도 빨리 한번 다녀가야겠다는 것이었고, 그래서 아내와도 향사를 부르자는 얘기를 했었소. 향사, 파리에 한 번 나오시구려. 나는 요즘 파리에 대해서 불평불만을 가득히 가지고 있지만, 그래도 파리엔 또 좋은 것도 많은 것 같구려. 나는 요즘 얘기할 상대도 없고 해서, 아내에게 파리의 불평만 하고 있소. 내 파리 불평에 아내는 질려 있다오. 그동안 미전美展은 꽤 많이 보았소. 국내에서 궁금히 생각하던 화가들의 작품은 거의 본 셈이오. 역시 뷔페와 마네시에가 제일 나은 것 같소. 추상으로는 마네시에가 제일이요, 다른 유로는 뷔페가 제일인데, 뷔페에겐 무언지 매력이 있소. 그 밖에

마르샹은 가짜요. 또한 레제 선생, 브라크 선생이 난 대단치 않게 생각됐소. 예술이란 참 힘든 일이나 보지요. 아무래도 피카소 한 사람인 것 같소. 피카소에겐 손을 안 들 수가 없구려. 피카소는 역시 귀신입디다. 그리고 역시 루오 선생을 존경합니다. 피카소, 루오만은 한 폭씩 꼭 사가지고 가야겠는데, 파리 사람들 어찌나 약은지 협잡을 할 수가 있어야지. 난 여기 온 다음날부터 내리 붓은 들고 있으나 도무지 돼야지요. 여전히 항아리와 새를 그리고 있는데, 파리에 와서도 변하지 않고 있소. 나는 좀 비약하려고 애를 쓰지만, 그것이 안 되는구려. 그리고 참 미로도 좋은 것 같아요. 회화는 안 보았으나 도자기를 보았는데, 재미난 장난꾸러기 같아요…… 여긴 그래도 대작大作들이 많은 것 같습니다. 소품은 많지만, 주력은 역시 대작에 기울이는 것 같아요…… 그림틀은 특별한 사람을 제외하고는 모두가 '가假틀'을 쓰고 있습니다. 심지어는 그림 둘레에다 종이로 발라서 틀 대신을 하는구려. 이것이 재미납디다.

– 난 10월 3일부터 15일까지 두 화랑에서 개인전을 하기로 했는데, 파리 사람들 어찌도 텃세를 하는지, 한두 번 발표한댔자 인정은 물론, 문제도 안 삼는가 봐요. 요 사람들 두고두고 꼭 저희들만 해 먹자는 판인지. 개인전을 가을에 한 번 하고 명춘明春에 한 번 더하면 환국還國할까 하오. 다사로운 우리 금수강산

에서 조용히 낮잠자며 사는 게 편할 것 같아.

억지로 파리에 와놔서 어려운 일이 어찌 한두 가지겠소? 하기야 "전쟁터에 싸우러 왔거니", 이쯤 생각하면 걱정되는 일 없겠지. 향사香士! 우리가 할 일은 좋은 그림 그리는 것밖에 없잖소. 나 같은 젊은 사람이 벌써 건강이 말을 안 듣는구려. 그럴수록 마음은 바쁘고, 할 일은 태산 같고. 그러나 향사! 우리들 그렇게 떨어져 있지는 않은 것 같소. 그 막막한 환경에서도 나으면 나았지, 결코 떨어져 있지는 않거든. 향사! 우선 파리에 나오실 계획하시고, 돌아가면 화실 지을 생각하시오. 문제가 간단하잖소. 중섭仲燮 형을 비롯하여 여러 화우畵友들에게도 쉬이 편지 낼까 하오만, 여기 오니 도무지 시간이 없구려. 귀국하면 멀찍이 나가서, 닭이나 치고 꽃이나 심고, 진정 그림만 그려야겠소. 앞으로 얼마를 더 그리겠소? 참, 그리고 중섭 형 건강이 어떤지요? 알려 주시오. 그럼 우선 몇 자 적었습니다. 부디 안녕하시와 좋은 그림 많이 그리시오.

1956. 10

파리 통신 Ⅳ

지금 내가 살고 있는 동네에는 화가들이 참 많이 있다. 아파르트망[아파트] 7, 8층 맨 꼭대기에 있기도 하고 아파르트망 한 채 전부가 무수한 화실로 되어 있는 것도 있고, 단층 또는 2층 정도로 예쁘장한 정원까지 달린 화실도 있는데, 조각가가 사는 토방土房은 대개 단층으로 되어 있다. 우리 동네만도 미술가의 집이 이렇게 꼭꼭 배겨 있으니 이 넓은 파리엔 미술가들이 많기도 한 것 같다.

미술의 파리라고 하니 미술가들이 많은 것은 당연한 일이기도 하지만, 이 많은 미술가들 틈에 끼여 미술가로서 살아가기란 참 어렵기도 해서 실지 체험하지 못한 미술가로서는 도저히 상상할 수도 없을 것이다. 그건 그렇고, 지금 내가 살고 있는 이 화실은 6층, 우리나라식으로 치면 7층 꼭대기에 있는데 동창으로는 달이 보이고 서창으로는 개선문凱旋門과 에펠탑이 빤히 보인다. 파리의 기상은 이상도 해서 낮은 흐렸다가도 밤이면 하늘이 맑아지기 일쑤다.

조각달이건 만월이건 동창에 달이 뜨면 그만 고국 생각이 간절해진다. 아, 보고 싶은 사람이며 그 산천들, 그리움이 얼마

나 컸으면 중섭仲燮이는 미쳐서 죽었을까. 어제 청명한 일요일, 현대미술관에 가서 루오실을 보고 왔다. 마티스, 피카소, 브라크, 레제 등등 모두 한 방씩 차지하고 있는데 나는 루오실을 제일 좋아한다. 언제나 루오실에 들어서면 그만 흥분해 버린다.

내 고향, 산상山上에 오르면 바닷바람에 씻긴 무수한 바위들을 볼 수 있다. 그 피부의 아름다움이란 내 소년 시절 감정에 못 박힌 것인데, 그러한 것을 나는 지금 루오에서 본다. 어찌 흥분하지 않고 배길 건가. 시골뜨기 늙은 대장장이가 시뻘건 무쇠 덩이를 이리 치고 저리 치고, 그러나 마음에 드는 연장은 쉽게 만들어지지 않는다. 다음날 또 다음날- 간신히 완성된 연장이란 한낱 평범한 곡괭이밖에 안 된다. 이 루오의 곡괭이를 보니- 얼마나 아름다운 일(예술)인가?

루오를 보고 곁방 피카소를 보면 이 친구는(거장이지만 우리들 젊은 친구로 인상된다) 그 예리한 면도날을 1분 동안에 수천 개 수만 개 생산해 내는 마치 일종의 예술 생산업자 같기도 하다. 오늘의 미술사는 피카소가 만들었다. 그만큼 오늘의 미술에 피카소의 영향이 크기도 한 것이다. 루오는 피카소에 비해서 그러지는 못하나 그러나 바위를 부숴서 시멘트는 만들지만 자연석自然石 그것은 여하한 과학의 힘으로도 만들 수 없는 것과 같이 루오만이 할 수 있는 어떤 자연 그대로의 별처럼 빛나는 그런 것이 아닐까?

1959. 1

내 사랑하는 아이들에게

보고 싶은 영숙아, 오늘은 해가 나고 날이 풀릴 것 같다. 요즘 파리는 연속 비만 뿌리고 음산하기만 했다. 내 화실은 다행히 따뜻해서 엷은 옷으로 일을 하고 있다. 그러나 방이 더워도 편안치가 않다. 이 추위에 더욱 서울의 추위에 그 구공탄 한 덩이 두 덩이 나르는 너희들 모습, 그것마저 나를 것도 없어 떨고 있는 너희들의 모습이 어찌 마음에서 떠날 새가 있으랴. 수개월 방값도 못 내고 언제 쫓겨날지 모르는 이 화실이지만, 그러나 수난로水煖爐가 있어서 덥도록 후끈하단다.

내 사랑하는 아이들아, 정말 미안하다. 보고 싶은 영숙아, 12월 12일 밤까지 쓴 네 편지 오늘 아침 받았다. 그 내용이 아무리 서럽고 기가 막힌 사연일지라도 우리들은 너희들 편지 받은 날처럼 행복한 날이 없다. 아버지는 너희들에게 편지도 못 쓰면서 날마다 네 편지 오기를 기다리며 사는 것도 같다. 편지는 비록 못 쓰나 어찌 너희들 생각이 한시라도 가슴에서 떠나랴. 영숙아, 보고 싶은 영숙아. 내가 이렇게 멀쩡하게 살아 있는데 왜 그토록 너희들에게 뼈가 녹고 숨이 끊어질 그런 고생을 시키고 있을까. 영숙아, 아버지 엄마는 미쳤지? 영숙아, 그런데

나도 너와 똑같은 인생 공부를 한 것 같다. 너희들과 떨어져 살며 모든 아쉬움과 그리움 그리고 말 못할 고생과 고독 또한 한이 되고 노엽고, 어찌 그동안 우리가 서로 떨어져서 당하고 느끼고 후회되고 하는 모든 것들을 말로 다하랴. 그러나 한마디로 우리들은 모든 고난 속에서 인생 수련을 많이 한 것 같다. 앞으로 우리들은 이러한 체험으로 진정한 '미의 탑' 행복을 쌓아 올릴 수 있다고 아버지는 자신한다.

내 사랑하는 영숙아, 금자야, 정인아, 우리들 조금만 더 견디자.

그런데 12월엔 무슨 일이 있어도 귀국한다는 약속을 했는데 12월도 거의 저물었다. 아버지의 말은 왜 이리 신용할 수 없을까?

영숙아, 우리가 12월까지 귀국 못하는 데는 너도 잘 알다시피 여러 가지 이유가 있다. 파리에다가 튼튼한 지반을 만들어만 놓으면 너희들도 여기 오기가 쉽다.

예술상 내 머리가 꼭 막혀 있다. 나는 지금 좀 쉬어야 할 것 같다. 내 하찮은 미술이지만 생각하면 파리에 와서 줄곧 붓만 들고 살았으니 천재가 아니고서야 어찌 지금쯤 막히지가 않을 거냐. 서울에 돌아가면 붓으로(먹을 갈아) 데생을 좀 해야겠다. 그리고 연필화鉛筆畵도 해야겠다. 아빠 엄마 돌아가면 너도 그림

그리게 되고, 또한 너 공부하는 데 얼마나 많은 편의가 될까. 네 엄마만 해도 지금 미술에 대한 지식과 안목이 굉장해졌다. 네 엄마의 지도만 받아도 네가 재주와 노력만 있으면 훌륭한 미술가가 될 것이다.

우리들은 최근 여성화가 한 분을 알게 되었다. 그 이름은 아쓰라고 한대. 34세 된 마드모아젤로서 살롱 드 메에도 출품하며 바로 저번에 개인전도 했다. 그의 예술은 추상抽象인데, 푸르스름한 월광과 같은 빛깔을 쓰며 넓은 화면에 아무것도 없고 커다란 공간에 벽돌 짝 같은 형태가 몇 개 있는 것 같은, 그러면서도 시정詩情이 가득한 그림이다. 대가리는 아무렇게나 긴 더벅머리요, 복장은 자동차 운전수 같은 잠깐 보아서는 남성·여성을 분별할 수 없는 그런 차림으로 또한 담배까지 뻑뻑 피우는 데는 아버지도 좀 질릴 판이다. 파리의 여성들, 특히 젊은 여성들의 공통된 취미가 이렇다. 그러나 그들에게는 어디까지나 여성적인 세련이 있어 똑똑하기가 말할 수 없다. 저번엔 너의 데생을 보곤 아주 아름답다고 칭찬이 대단했었다. 나도 쉴 겸 귀국해서 조그맣게 화실이나 짓고 새우젓과 된장국이나 마시며 일요일엔 너희들과 교외 또는 등산이나 하며 지내면 좋은 그림이 그려질 것도 같다.

영숙아, 연필 장난을 많이 해라. 우리 '낙서'라고 있지? 그

백로지 참 좋은 종이다. 연필도 딱딱한 보통 연필이면 된다. 그저 연필 낙서를 해라. 그런 연필 장난하는 데서 좋은 공부가 된다. 저 유명한 뽈 끌레의 작품을 보면 더러운 종이, 꾸겨진 종이, 찢어진 조각 그저 손에 잡히는 대로 주워서 그렸구나. 아, 이 얼마나 아름다운 장난이며 또한 예술이며 갖고 싶도록 애정이 가는 작품들이냐.

파리에서는 소재에 무관심이다. 종이거나 껍데기거나 수채水彩거나 유화油畵거나 아무튼 이러한 것은 문제가 아니고 거기 그려진 것, 거기 표현된 것 그것만이 소중하다. 어떻게 보면 우리나라에서는 유화에만 치중한 것 같다. 이것은 큰 잘못이다. 여기 젊은 화가로 유명한 뷔페는 데생 화가다. 나는 그의 유화보다 데생을 더 좋아한다. 이 화가는 지금 굉장한 성城 안에서 살지만, 술병 하나만 놓고 그리는구나. 어디서나 볼 수 있는 이 평범한 포도주병이 그림이 됐을 때 참 그 병은 아름답기도 하더라. 아버지도 파리에 와서 항아리와 제기祭器만을 그리고 있는 셈이다. 너도 연필과 종이를 손에서 떼는 일 없이 그 골동 그릇 같은 것 그저 아무 생각 없이 연필로 수십 장 수백 장 얼마든지 그려라. 그래서 심심할 때 그렸던 것들을 다시 펼쳐보면 여러 가지 생각이 떠오를 것이다.

여기 화가들 데생이 좋다. 우리나라는 데생하지 않고 화가가 되어 버린다. 데생을 모르고는 화가가 될 수 없는 것이다. 나

는 서울 가면 데생전展을 할까 한다. 너도 데생전이 어떨까? 꾸준히 공부하여라.

그러니까 네 엄마가 밤마다 뒤숭숭한 너희들 꿈만 꾸고 늘 우울해 하더니 그 무렵 도둑을 맞았구나. 세상은 무섭기도 하다. 하필 아무것도 없는 너희들에게 도둑놈이 들어왔다는 것. 그 하찮은 외투, 그러나 너희들에게는 얼마나 소중한 물건들이랴. 너희들 외투보다도 너희들이 놀란 것 그 무서워하던 심경이 가엾어 죽겠다. 신철信喆이가 단속했을 텐데, 어쨌든 그만하니 불행 중 다행이다. 돈이 들어오는 대로 보내 주고 싶다마는 연내로는 자신이 없구나. 그러나 최대의 노력을 할 테니 만일 늦어지거든 양복점에 가서 잘 양해를 구하며 아버지께서 고맙다고 하더라고 좀 늦어질 거란 말이라도 미리 해두어라.

그건 그렇지만 너희들 요즘 어떻게들 지내고 있느냐? 굶지는 않느냐? 저번에는 하도 막막해서 써지지 않는 편지를 홍대 청전靑田 선생께 썼었다. 가능하면 홍대에서 내 월급을 종전대로 아이들에게 지불해 주면 근일 귀국해서 선처하겠다고. 그러나 이런 부탁의 성과가 있을 것 같지가 않아 그저 어두운 마음으로 지내고 있다.

『한국일보』에 신년호 화문畵文을 보냈으니 몇 푼 안 되는 것, 너희들에게 보내 올 것이다. 그리고 신년호를 보면 아버지의

글이 있을 것이다. 거기에 보고 싶은 사람들이란 너희들 3형제를 말한 것이다. 우리 어머님을 보고 싶어해야 이루어지지 않을 일이니 보고 싶단 말은 안 해야겠다. 너희들 3형제를 앞으로 행복하게 해주는 내 노력과 내 자신 훌륭한 예술가가 되는 것만이 어머님을 우리 고향 아버님 곁에 이장移葬해 모실 수 있는 길이다. 아, 그 산 설고 물 선 호젓한 망우리忘憂里에 누워 계신 어머님을 생각하면 금시라도 미칠 것 같구나. 아, 그러나 할머니께서 애지중지하시던 너희들이 있고 또한 아버지 대신 너희들이 할머님께 극진한 효도를 했으며 마음으로 할머님을 존경하고 그리워하니 아버지는 한편 용기와 인생의 상도를 억지로 느껴 본다.

이 해도 다 저물었다. 너희들 얼마나 쓸쓸한 마음으로 새해를 맞을 건가. 넉넉잡고 이달 말까지는 귀국 일자를 알리게 될 것 같다. 우리가 귀국 시뿐일 거냐. 내 파리에 온 후 사 보내주고 싶은 것들 어찌 한이 있으랴. 구두·양복·책·그림 도구·제도 도구, 심지어는 스쿠터, 쬐끄만 자동차, 가다가 맛있는 것을 먹을 때마다 어찌 너희들 생각이 간절하지 않았으랴. 그러나 나는 이런 생각할 자격이 없는 것도 같다.

네 엄마 꼴을 보면 우습기까지 하다. 여기가 그래도 파리니 말이지 서울만 같아도 이런 꼴로 나다닐 수 없을 것이다. 나는

아버지 자격만 없는 게 아니라 남편 자격도 없는 것 같다. 누가 아니. 아버지 일만 잘되면 그까짓 것 사실 몇 푼씩 되는 거냐. 정인貞寅이는 아빠 취미를 신용 않나 보니 그럼 엄마한테 맡기고, 영숙이 금자 것은 내가 고르마. 그런데 서울에는 가죽옷이 하이칼라로 유행하나 본데 사실은 파리에선 가죽옷을 천히 여긴다. 물론 양복점에는 그럴듯한 것이 보이지만 실제 입고 다니는 사람은 별로 볼 수가 없다. 가죽이 아니고 털 또는 무명 같은 것도 얼마든지 좋은 것이 있다. 나는 간혹 너희들에게 꼭 맞겠다 하는 양복을 보는데, 너희들에게 꼭 사다 주고 싶은 것은 우악스럽게 생긴 구두며 또 고깔이 붙고 노끈에다 막대기 단추를 한 외투며 황토색 우장옷, 한 20년은 마음놓고 입을 수 있는 판탈롱 바지, 골덴 잠바, 은 단추 저고리, 튼튼한 가죽 손가방, 몇 가지 재미난 사절 모자, 그리고 영숙이 너에게는 화집, 금자에게는 제도 도구, 정인이에겐 가장 싼 하모니카(여기 하모니카는 참 좋아), 어찌 한이 있으랴만 네 엄마 양말 꿰매 신고 다니는 것을 보면 생각과 현실은 너무도 엉뚱하구나. 허나 앞서도 말했지만 그까짓 몇 푼 되겠니, 일만 잘 되면.

저녁 먹고 난 후 골치가 띵해서 한 20분 산보하고 지금 들어왔다. 여기 사람들 참 무섭다. 파리 시민들 중에서도 가세가 넉넉한 집안이지만 남녀 대학생만은 자기네가 무슨 방법으로든 돈을 벌어가며 학교를 다니고 있는 것이 보통이다. 우리나라

에서는 다소 현실이 특수하기 때문에 고학은 어려울 줄 안다. 그리고 자기 일은 자기가 한다. 사람을 의지하지 않는다. 여기는 팔다리 없는 불구자도 다 직장에 나간다. 우리가 늘 대어 먹는 반찬가게 할아버지 할머니가 하도 좋아 우리들에게는 기쁘게 외상을 준다. 고마운 일이다.

그런데 이 할머니의 큰딸이 한 서른이 되어 보이는데 가엾게도 하반신을 못 쓴다. 그러나 손으로 움직이는 기계 자전거를 타고 시장 물건을 사들이는구나. 파리에는 이런 불구자가 참 많이 있다. 그러나 항상 봐도 씩씩하게 명랑한 웃음을 띠고 일하는 것을 본다. 그리고 내가 한번 크게 감동한 일은 내 평생 잊혀지지 않을 것이다. 작년처럼 더웠으랴. 파리 시민들은 피서지로 나가고 파리가 텅 비다시피 하던 날 우리들은 정말 먹을 것이 똑 떨어져 그림이 요행히 팔아질까 하고 세느 강변에 나가는 길, 그 더위에 그 폭양 밑에서 사생寫生하고 있는 어떤 노인 화가를 보지 않았니. 3호 정도의 그림을 그리는데 그림도 참 좋더구나. 그 폭양 아래서 운동모 하나만 쓰고 사생하고 있는 그 용기와 정열에 나는 무조건 감탄했단다. 그다음 놀란 것은 서서 그리는 두 다리가 불구가 아니냐. 불구도 지독해 간신히 서 있을 정도요, 땅에 있는 화구도 잘 못 집을 정도였다. 예순 살이 넘었을 노구에다 부자유한 몸으로 그 더위에 일을 하고 있는 것을 보니, 젊고 육신이 멀쩡한 나는 그만 가슴이 뭉클해져

서 그 노인 화가에게 미안한 정을 어쩔 수가 없더라.

내 돌아가면 너희들에게 해줄 얘기가 많다. 그리고 너희들도 남의 나라에 와서 남들 사는 것을 너희 눈으로 보아야 한다. 네 엄마는 파리에 와서 나 때문에 진정 피나는 고생을 한다. 나도 무슨 죄로 내게 딸린 가족들에게 이토록 고생을 시키는 것일까. 살기 위해서, 내 하찮은 예술의 성공을 위해서 정신적·육체적으로 말 못할 고생이다. 네 엄마의 희생적인 노력과 협조가 아니고서는 나는 잠시도 편히 붓을 들고 있을 수가 없었을 것이며, 또한 일부에서도 인정을 못 받았을 것이다. 정말 나는 사느냐 죽느냐 하는 심경으로 붓을 들어 왔고 네 엄마도 또한 이런 정신력으로 오늘까지 밀고 온 것이다. 그러면서도 밤이면 늦도록 제 공부를 하고 있다. 아, 말이 우리같이 이 괴로운 속에서, 너희들 하나하나가 머리에서 안 떠나는 이 환경에서, 그래도 공부라면 최소한 정신적인 안정 위에서 할 수가 있는데, 그야말로 바늘 하나 꽂을 정신적 여유가 없는 이 속에서도 책을 펴 놓고 공부를 한다. 아, 사람이란 이런 것을 보고 투쟁이라 하며 극복이라 하나 보다.

네 엄마라서가 아니라 내 아내라서가 아니라 우리나라 여성들은 모두 이토록 노력해야 할 것이며 너희들 또한 엄마 이상으로 노력해야 한다.

박 군(석호), 정 군, 맹 군들 잘 있니? 더러 만나느냐? 이 사람들 생각이 간혹 난다. 더러 파리 소식 전해 주고 싶어도 편지 쓸 시간도 없으려니와 그런 정신적 여유가 없다. 만나면 늘 생각하고 있단다고 전해 다오. 맹 군은 우리 미술사를 연구해 주었으면 한다. 여기 와서 느낀 것인데 여기 동양미술관이 있어서 이런 곳에 와 우리 미술사를 공부하면 여러 가지로 좋을 것 같다. 이런 방면에 뜻이 있거든 나에게 자기의 생각을 편지해 달라 해라. 미술가도 좋지만 우리나라엔 학술 방면도 절실히 요하기에 말이다. 누구든 이 방면에 공부하는 사람이 있어야 한다. 아마 파리에 와서 처음 긴 편지를 쓴 것 같다. 마음에 비하면 이게 무슨 긴 편지랴. 창밖으로 보이는 풍경은 지붕과 굴뚝뿐이다. 지금도 비가 뿌리다 말다 하는데 꼭 이른 봄 같은 그런 기분이다. 내 아이들아, 김장하느라고, 더욱이 구차스런 김장에 얼마나 떨었니? 우리야 김치 맛 잊은 지 이미 오래다. 우리 위해 아끼지 말고 너희들이나 맘 놓고 먹어라. 우리가 돌아가면 그런 것 안 먹어도 기쁘겠다.

불어 공부 충실히 하여라. 하루도 빼놓지 말고 꾸준히 노력하기 바란다. 이만 써야겠다. 부디 기쁘게 이 해를 보내며 또한 새해를 기쁘게 맞이하기 바란다.

파리에서 아빠.

파리의 지붕 밑

하도 갑갑해서 아내더러 어디 좀 바람이나 쏘이고 오라 한 것이 한 해 먼저 아내를 파리에 내보내게 되었고 한 해 늦어서 나도 파리에 나가게 되었다.

호강의 여행은 아니라 해도 혼자서 떠나기는 좀 심심할 것도 같아 우리 같이 떠나 볼까도 했으나 부부 동반 해외여행은 그 여권이 시끄러울 뿐더러 또 우리들은 모갯돈도 없고 해서 아내 먼저 떠나라 했던 것이다.

로마의 하늘을 날면서 나는 붉은 술을 청했다. 이제 세 시간이면 파리에 내린다. 아내를 안아 주고 뽀뽀해 주고 그러리라 했다. 어쩐지 파리에 가는 것 같지가 않았다. 불란서[프랑스]가 아니고, 파리가 아니고 어쩐지 고향에 가는, 그런 심정이었다.

붉은 술 반 병짜리, 두 병을 마시는 새에 몽블랑을 넘어 에어 프랑스는 파리의 오를리 비행장에 내렸다.

아내는 손을 흔들고 있었다. 나는 뛰어갔으나 안아 주고, 뽀뽀해 주고 그러지를 못했다. 겨우 뺨에 입을 맞추는 정도였다. 그도 그럴 것이 아내 혼자 나왔더라면 몰랐겠는데 우리 동포

두 분을 모시고 나오지 않았는가(나중에 알고 보니 천송 형과 성배 군이었다).

다음날부터 나는 우유와 빵을 먹으며 나에겐 과분하리만큼 훌륭한 본격적인 아뜰리에에 누워 이젠 파리에 왔나 보다 하는 생각도 해보고, 나서면 바로 거기 있는 뤽상부르 공원에 나가 푸른 담배 고로와즈를 입에 물고 나무 걸상에 앉아서 길마다 늘어선 마로니에 나무들을 바라보기도 했다.

흡사 중환자의 정양기 같은 그런 생활이 시작되었다.

루브르나 오페라에 가는 것을 잊어 버렸다. 나는 내가 사는 우리 동네를 산보하는 것으로 파리가 좋았고 파리가 마음에 들었다.

집을 지어도 이렇게 지어야 할 것 같고 길을 만드는 데도 이렇게 만들어야만 할 것 같고 소제하는 데도 이렇게 좌우에서 펑펑 솟는 물로 씻어 버리는 이런 식이 제일인 것 같았다.

하늘 높이 즐비하게 서 있는 집들은 집이 아니라 산덩어리 같은, 그런 것으로 느끼게 하고 길바닥은 돌로 깔아 할아버지네들이 마차를 달리던 까마득한 그 길을, 오늘도 저렇게 끄떡없이 이 사람들은 걷고 있지 않은가.

또 어찌하면 길바닥을 물로 씻도록 그 많은 물이 길목마다 좌우에서 콸콸 쏟아져 흐르며 또 그 많은 시민들의 배설물들이

감쪽같이 없어져 버릴까. 실로, 이런 게 도시가 아닌가 싶다. 그것도 12세기부터 비롯한 도시라고 하니 더욱 까마득한 얘기다.

파리는 세느강이 그 중심을 흘러 강 왼편(리브 고슈), 강 바른편(리브 드로와트)으로 불리어진다.

파리에 살며 번번이 이 강을 넘나들면서 한번도 이 강으로 인하여 불편을 못 느껴 보았다. 강의 존재를 잊어 버릴 정도로 육지의 연결 그대로다. 그토록 세느강 다리橋가 많기도 하다. 모두 서른두 개의 다리, 이 많은 다리가 또한 그 모양이 다 다르다. 그리고 모두가 아름답다.

세느강을 건널 때 또 강변을 산보할 때, 늘 우리의 한강과 인도교를 생각해 보았다.

리용역이 가까운 오스테리리츠 다리 위에서 생 루이와 시테 쪽을 바라보는 파리는 애인 없이 혼자서 보기에는 너무도 아름다운 전망이다.

파리라는 도시는 꽉 짜인 하나의 거대한 예술 작품이다. 그러기에 이 아름다운 파리에서 무릇 예술의 꽃이 피고 더욱이 미술의 역사가 연속 이루어진다는 것은 당연한 일인 것도 같다.

역사로 천 년이든가 자손만대라는 말은 늘 들어왔다.

파리 사람들이 다리를 놓고 다리를 고치고 또 집을 짓고 집을 고치고 또는 도로공사를 하고 있는 것을 볼 때마다 나는 그대로 지나칠 수가 없었다. 한참 서서 보기도 했다.

일作業이란 것은 저런 것이 아닐까. 저렇게 튼튼하게 무조건 영원의 실감을 주는 저러한 일이 정말 일이 아닌가 싶어질 때 국내에서 늘 들어왔던 자손만대라는 말이 서글프게 떠오르곤 했다.

카페나 살롱 같은 데서 이 사람들은 절대로 국적國籍 같은 것을 묻지 않는다. 어느 나라 사람이어도 좋다. 파리 사람들에게 그런 것을 느낀다.

혹시 친해진다든가 얘기가 좀 길어져서 내 나라가 꼬레인 것을 알아도 그런 것에는 별로 흥미가 없는 것 같다.

내 경험으로는 전쟁으로 알려진 꼬레보다는 강용흘 씨의 『그라스 루우프(초당)』라는 소설로 더 많이 알려져 있고 또 인식되어 있는 것 같다. 영문 원저 『그라스 루우프(초당)』는 불문 번역으로 『고요한 아침의 나라』로 출판되었다.

구라파에서 우리나라가 『고요한 아침의 나라』로 많이 불리어지는 것은 이 소설로 인해서이다. 이 출판이 또한 그 해 불란서 번역상을 탔기 때문에 더 많이 읽혀진 소설이다.

이 『고요한 아침의 나라』를 읽은 구라파 사람들은 모두가 우리나라를 '시詩의 나라'로 인식하고 있다.

한 민족이 예술을 들고나온다는 것은 수많은 고급 외교관을 파견하는 걸로도 비길 수 없는 민족 선전이 된다는 것은 말

할 것도 없거니와 적어도 구라파에 파견하는 우리 외교관만은 문화대사文化大使를 내보내든지 아니면 정신연령이라도 들어 있는 그런 사람을 내보내야 하지 않나 이런 생각도 해보았다.

파리 여성들은 부지런하기로 일급인 것 같다. 어느 가정을 들어가 보든 깨끗하기가 그만이다. 부엌에 따르는 도구는 모두가 신식의 것으로 돼 있지만, 그 밖의 것으로 걸상·책상·옷장·식탁·찬장(식기장) 같은 것은 모두가 골동에 속하는 것들로 애용하고 있다. 어느 가정에고 유서 깊은 골동이 적어도 한두 점은 있다. 도자기陶磁器며 목공木工이며 타피스트리며 심지어 고건물古建物의 돌, 기둥 토막까지도 이 사람들의 가정에는 많고 적고 간에 수장收藏되어 있으며 그것들이 이 사람들의 생활 주변에서 아름답게 빛나고 있다.

이 사람들은 새것보다 낡은 것을 좋아한다. 역사의 때가 되도록이면 많이 묻은 것을 좋아하고 또한 존중한다. 삼십 세가 된 청년이 자기 나이보다 더 오랜 자동차를 소유하고 또 타고 다니는 것을 자랑삼는다. 어쨌든 파리 사람들의 공공취미란 이만저만하지가 않다.

파리 여성은 대단히 부지런하다고 했는데 공원에 나가 보아도 걸상에 앉아 모두들 책을 읽고 있지 않으면 뜨개질 자수 혹은 바느질까지 하고 있는 것을 볼 수 있다. 그악스러울 정도로 부지런한 것 같지만, 그러나 거기는 유쾌한 여유가 보이며 생활

의 재미가 아름답게 보인다.

가정방문을 했을 때 벽에 걸린 그림에 호기심을 갖고 들여다보고 있으면 거기 앉아 있으라 하고 주인은 그 그림을 냉큼 떼어다 준다. 내 관념으로는 그림 후면에는 응당 먼지가 있을 걸로 알고 조심해서 보는 것이나, 놀라울 정도로 먼지가 없다. 이 사람들의 소제, 청결 그런 것은 그야말로 입체적이며 완전한 것이다.

마룻바닥, 가구 등이 거울처럼 윤기가 도는 것은 더 말할 나위도 없다.

이 사람들의 생활의 중심은 식탁과 침상인 것 같다. 식사를 즐기고 백설白雪 같은 침상에서 푹 자는 것이다.

내 아뜰리에가 6층에 있기 때문에 앞집 아파르트망이 다 내려다보였다. 아침이면 모두들 창을 열어젖히고 소제하는 것이 보였다.

약속이나 한 것처럼 모두들 침상을 먼저 치운다. 그런데 이 여성들은 꼭 단정하게 일복을 입고 일을 한다. 일복도 거개가 새하얀 소독복 같은 것을 입는다. 우리네 소제하는 태도와는 전혀 다르다. 백옥같이 흰 소독복을 입고 아침마다 소제하는 여성들을 보면 내 마음도 절로 시원해진다.

단정하게, 아름답게 치워진 침상이 방방마다 건너다보인다. 생각하면 우리들에게 잠을 잘 자는 것이 얼마나 소중한 것

인가. 깨끗하고 아름다운 침상에서 푹 잔다는 것은 생각만 해도 살이 찜직할 일이 아닌가.

침구 전문상 진열장을 들여다보고 있으면 꿈의 세계, 망각의 세계가 얼마나 소중한 것인가 미소 지어 느껴진다.

아름다운 자리에서 잠을 잘 자기 위해서는 또한 잘 먹어야 한다.

내가 살고 있는 집에 꽁시에르주(우리나라로 치면 과거의 행랑아범이나 행랑어멈에 가깝다)의 식탁을 보면(그이는 혼자 사는 노파였다) 으레 고기 한 덩어리와 포도주 한 병, 채소, 과일, 푸로마주(치즈), 카페 등- 늘 이런 짜임새였다. 파리에서 최하 생활자라든가 무식자를 대면할 때는 꽁시에르주 정돌 거라고 항용 쓰는 것을 보았다. 그러한 콩세르주의 일상의 식탁이 이렇다면 전체 파리장의 식탁은 짐작될 것이다. 어쨌든 먹을 것으로 산적했던 장거리가 불과 두어 시간에 말쑥히 치워지는 것을 보면 잘 먹고 사는 백성들임을 알 수 있어 부럽기보다 미워지는 감정이 앞설 때도 있었다.

또한 술이 없는 식탁이란 이 사람들로서는 생각할 수 없는 일이다. 술이 없는 식탁을 이 사람들은 '눈이 하나 없는 미인'이라고까지 한다. 실상 이 사람들의 식탁에는 아침을 제외하고는 으레 술이 오르기 때문에 식사가 더욱 즐겁고 그러기에 식사 시간이 두 시간 이상으로 긴 것 같다.

가족끼리, 친구끼리 또는 혼자라도 좋다. 즐거운 식사란 얼마나 좋은 것이냐. 잘 먹고 나서야 일하는 데도 신바람이 날 것 아닌가.

나는 파리에 사는 동안 영화도 별로 못 보았다. 어느 구석진 동네에 살거나 5분에서 10분, 산보 걸음으로 걸으면 아담한 작은 영화관이 있다. 파리에서 내가 영화를 보았다면 거개가 내 동네 근처에 있는 이러한 작은 영화관이었고 샹젤리제 같은 관에서 본 것은 불과 두세 편에 지나지 않는다.

자기 동네 영화관에 가면 자기 동네 카페에 나가 앉아 있는 것처럼 참 재미가 난다. 동네 이발사도 와 있고 고깃간 부부도 와 있고 빵집 마드모아젤도 애인과 꼭 붙어 앉아 있고- 어쨌든 동네에서 조석으로 늘 보던 친구들이 모두 좌석을 차지하고 있다. 때로는 동네의 청소년 왈패들이 우글우글 모여들어 떠들기도 하지만, 어쨌든 친밀감이 도는 가족적인 분위기여서 대봉절관에서 보는 그것과는 다르다. 나는 이러한 분위기가 좋아서 되도록이면 내 동네 영화관에만 가기로 했었다.

나는 또한 연극도 많이 보지 못했다. 극장은 영화관과 달라 동네마다 없다. 그러기에 연극을 보려면 10분에서 25분 걸릴 지하철을 타거나 거리가 까다로울 때는 택시를 타야 했다.

나는 연극에 있어서도 국립극장 같은 규모가 큰 극장보다

도 소극장을 좋아했다. 왜 그런가 하면 소극장일수록 무대와의 거리감이 없고 나와 곧 무대, 무대와 내가 이렇게, 다시 말하면 내가 무대에 있는 것 같고 무대가 바로 관객인 것 같은 그런 연극이면서 연극 같지가 않은 실감 속에 있게 하기 때문이다.

숨 쉴 새 없이 흘러가는 대사의 연속이건만 연극이란 참 묘해서 하나 알아들을 수 없는 말들이 모두가 알아들을 수 있도록 느껴진다.

손으로 잡을 수 있는 무대 배우의 숨소리까지 들리는 무대, 배우의 분장까지 확실히 드러나 보이는 그러한 소극장이 나는 마음에 들었다.

지금 이 글을 쓰는 내 상 위에 뜻밖에 불란서[프랑스] 담배 고로와즈 몇 갑이 놓여 있다. 최근 파리를 들러 온 친구가 내가 가장 좋아하던 담배라는 것을 거기서 듣고 전해 온 것이다. 이 쓰고도 구수한 푸른 담배를 피워 무니 파리가 그리워진다. 실상은 귀국한 후 파리를 생각할 겨를이 없이 지내지만, 이 푸른 담배 생각만은 늘 간절했다. 불란서[프랑스] 담배로 가장 싼 담배가 이 고로와즈요 가장 많이 팔리는 담배가 또한 고로와즈라 한다. 내가 보기에도 파리장들 거개가 이 담배를 피는 것 같다. 파리장뿐만이 아니라 외국인들 간에도 이 담배가 대단한 사랑을 받아 국제적인 고로와즈 클럽이 생겼고 이 클럽 회원은 어느 나라든 무세無稅로 직수입해서필 수 있는 그런 국제적인

담배다.

가장 불란서[프랑스]적인 것이 무어냐 물으면 이 푸른 담배 고로와즈라 하고 싶다. 아무런 향로가 들지 않은 담배 그대로의 맛, 그러면서 무어라 형언할 수 없는 쓰고도 구수하고 푸석한 맛, 어쨌든 이 담배에 한번 맛을 들여 놓으면 다른 담배는 영 필 수가 없다.

20개입 한 갑에 1백 15프랑(1백 15환), 4개입 한 갑에 25프랑(25환), 그리고 이 담배가 가루로 되어 있는 것이 있어 노인네들은 이 가루 담배를 파이프로 피거나 종이로 말아 핀다.

파리를 떠날 때도 가장 섭섭했던 것이 이 푸른 담배였는데, 이제 다시 만나니 감회가 무량하다. 연거푸 입에 무니 지금 내 방은 불란서[프랑스] 냄새로 자욱해졌다.

3, 4년 외국에서 놀다 돌아오니 어머님이 돌아가셨고 노천명盧天命, 이중섭李仲燮, 김내성金來成 친구들이 저세상에 가버렸다. 늘 어울려 술을 하던 친구들이 거의 다 술을 못한다. 마음의 변화에서 금주 절주가 아니라 건강이 당해 낼 수가 없어서 술을 못하게 되었다.

나도 외국에 나가 있는 동안 그 술의 본바닥에서 술을 입에 대지 못했다. 3, 4년의 세월이란 실로 눈 깜짝할 사이지만 지금 우리들의 이 연령의 고비는 절정에서 급각도로 떨어지는, 10년이 한꺼번에 와버린 것 같은 그러한 주름살과 흰 머리가 돋아

온다.

이제 한창 일을 해야 할 우리들의 연령에 눈에 보이도록 이마가 드러나고 주름살이 깊어간다는 것은 서글픈 일이 아닐 수 없으나 어디서 오는 건지 든든한 것 같은 그런 안도감을 느끼게 한다.

1959. 12

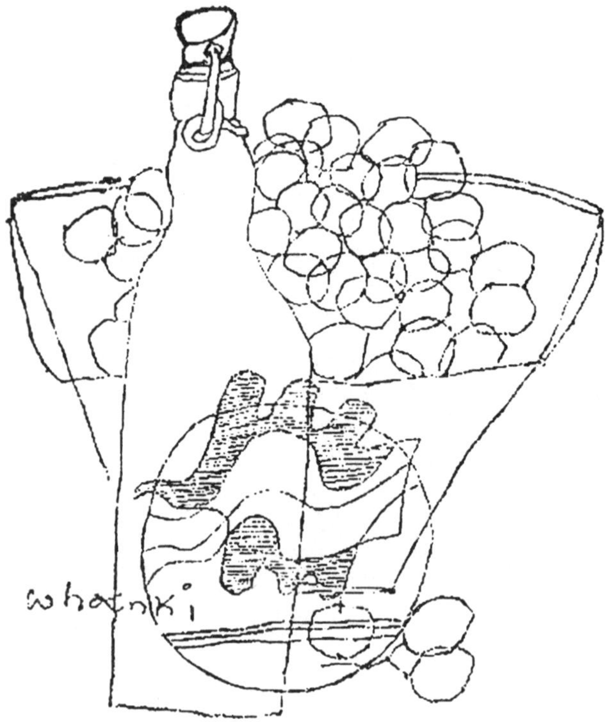
whanki

속에선 그냥 걸어다니는 줄만 알았다.

한길 건너서 솜틀 소리가 난다. 푹닥푹닥 기계처럼 쉴 새 없이 돌아간다. 새벽부터 진종일, 기계가 아닌 그 다리는 정말 무쇠 철각鐵脚임에 틀림없다. 꾀꼬리 소리도 종일 들으면 권태롭거늘 저 땐닥땐닥 소리, 화가 나도록 덥기만 하다.

갑자기 싸움 소리가 들린다. 남자 대 여자의 소리가. 푹닥푹닥 소리는 그치었다. 솜틀장수 부부네 싸움이다. 나는 본능적으로 창밖 한길을 내다본다. 마구 한 덩어리가 되어서 길바닥에서 구른다. 못 볼 것을 봐 버렸다. 창을 닫고 바람이 들어오는 쪽으로 누워 생각하기를 저런 야만이 있나 불쾌하기 짝이 없다. 허나 싸움은 격렬해져서 죽네사네 동네가 떠나갈 지경이다.

나는 누워서 담배 하나를 피웠다. 또 하나를 피고 또 하나를 물자 불쾌하던 게 차츰 이상한 곳으로 생각이 돌아간다. 누운 채 하늘을 본다. 무서운 볕이다. 미칠 것 같다.

"아이고, 나 죽여라!" 여편네의 발악이다. 수정 같은 판유리가 쨍 하고 나가는 것 같다. 찰나 내 체중이 그만 덜컥 내려간다.

나는 황망히 구두를 신고 나가는 것이었다. 하여간 종로 쪽으로 나가는 것이었다.

「文藝」, 1949. 9

무제 Ⅱ

냉수를 마셔도 시원치가 않다. 더우면 담배맛도 없다. 이 복중伏中에 난초는 피었건만 친구를 부를 수도 없고 오는 친구도 없다. 아래층엔 가족들이 앓아누웠고 나는 바로 어제 사표를 내었다.

밤꽃도 지고 비원秘苑에선 꾀꼬리가 운다. 이 더위에 꾀꼬리 소리는 도무지 실감이 안 난다.

아래층에 내려가 체온계를 본다. 대체 어쩌자는 건가. 이러다가 모두들 죽어 버릴 건가? 그럴 리야 없겠지. 이 더위에 고열을 잘도 견뎌낸다. 어서들 일어나라. 일어만 나면 영계를 사다가 구미를 붙여 주마. 옳지, 바다에도 가고 물 소리 들리는 절에도 가고…… 내 참 너무 등한했구나.

마당에 봉선화가 붉다.

2층에 올라와 내 방에 앉아 본다. 남북 창밖으로 비원 수풀이 보여서 좋다. 이 깊은 골목으로 이사 온 것은 비원을 보고서였다. 헌데 웬일일까? 오늘도 비원에서 무슨 연회가 있나 보다. 숲속으로 미끈한 자동차가 굴러다닌다. 저렇게 차를 몰아 숲속을 다니는 것도 나쁘지 않을 것 같다. 나는 이제까지 저런 숲